KÁRATE

KÁRATE

Sanette Smit

Traducido por: Traducciones Maremagnum MTM

Corrección técnica: Mariano Antón

ISBN: 84-9764-135-3

Primera publicación en España por:

C/ Primavera, 35 - Polígono Industrial El Malvar

28500 Arganda del Rey, MADRID - ESPAÑA

E-mail: edimat@edimat.es

http//www.edimat.es

Publicado en UK por New Holland Published (UK) Ltd

Fotomecánica por Hirt y Carter (Cape) Pty Ltd

Impreso y encuadernado en Malasia por Times Offset (M) Sdn Bhd

LIMITACIÓN DE LA RESPONSABILIDAD

El autor y los editores han llevado a cabo todos los esfuerzos para asegurar que la información contenida en este libro fuera precisa al cierre de la edición y no aceptan ninguna responsabilidad por ningún daño o inconveniente soportado por ninguna persona al usar este libro o al seguir los consejos que éste contiene.

AGRADECIMIENTOS DE LA AUTORA

Me gustaría agradecer a Pieter Smit, fotógrafo principal, y a todas las otras personas que han contribuido a este proyecto, entre ellos a Imtiaz Abdulla, Leon Beech, Herman Bosman, Chris Botha, Mark Cosmos, Allen Fourie, Florence Harding, Wendy Jansen, Karen Johnson, Jeffrey Jackson, Nazcem Larney, Wendy Lloyd, Darlene Lubbe, Shane Lucas, Hoosain Narker, Margaret Neethling, Llewellyn Rhoda, Selwyn Rhoda, Johan Roux, Chrislene Smith, Bruce van Rensburg, Nicholas van Schalkwyk, Jody Young y los estudiantes del Dojo de Kárate Funakoshi, S.A., en CapeTown.

CONTENIDOS

INTRODUCCIÓN

El kárate se originó en Oriente y se desarrolló como arte marcial para su uso en combate. La palabra kárate deriva del japonés y significa «mano vacía», lo que implica «vacía de toda mala intención». Actualmente, el kárate es un medio de lucha sin armas. Los pies, las manos, las puntas de los dedos, las rodillas y los codos sirven como instrumentos naturales de ataque y defensa personal en una de las artes marciales más populares del mundo.

El kárate es una de las más refinadas artes marciales y se caracteriza por la realización estilizada, controlada y creativa de las técnicas, y la agilidad y fuerza del cuerpo.

¿Qué ofrece el kárate?

No sólo es el kárate una forma excelente de defensa personal, también ofrece al devoto una oportunidad de adoptar un modo de vida sano y equilibrado, uniendo el cuerpo, la mente y el espíritu. Como deporte y arte marcial, anima a la autodisciplina y es un camino de desarrollo de las facultades de la concentración y la conciencia. Mientras que el entrenamiento del kárate es muy disciplinado, la naturaleza interactiva del deporte proporciona una plataforma a los participantes para el aprendizaje y la práctica de las habilidades vitales tales como la humildad, el respeto mutuo, la sinceridad y una actitud positiva. Éstas, junto con la

arriba: EL ENTRENAMIENTO EN UN DOJO ESTIMULA EL PROGRESO INDIVIDUAL Y FACILITA EL ENTRENAMIENTO INTERACTIVO EN UN GRUPO.

página siguiente: LA POSICIÓN PARA POSTURAS FINALES, TALES COMO LA PATADA PENETRANTE, SE DETERMINA POR LA COLOCACIÓN DE LOS BRAZOS Y LAS PIERNAS.

integridad —un código de comportamiento que incluye el autocontrol— forman las máximas en las que se basa el kárate.

Muchos padres animan a sus hijos a participar en un deporte divertido y ameno, porque consideran el kárate como un entrenamiento de la disciplina y reconocen el potencial del deporte como estímulo para construir la seguridad en sí mismos y la personalidad. El kárate también ayuda a moldear el cuerpo: tonifica el cuerpo, aumenta la fuerza de los músculos, estimula la flexibilidad, aumenta la resistencia y eleva la capacidad física del cuerpo en su conjunto.

Algunas personas comienzan el entrenamiento del kárate porque consideran el dominio de los movimientos como un desafío creativo. Ven el kárate —y el entrenamiento que exige— como una filosofía que añade significado y sustancia a sus vidas. El kárate permite a los estudiantes la oportunidad de meditar sobre sí mismos y sus creencias, actitudes y comportamiento.

Una breve historia

El kárate data de hace más de mil años y probable-

GICHIN FUNAKOSHI CREÍA QUE REDUCIR AL ENEMIGO SIN LUCHAR ERA LA HABILIDAD MÁS GRANDE.

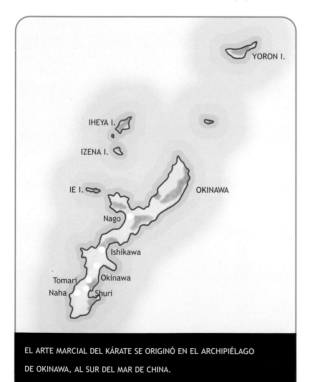

EL ARTE MARCIAL DEL KÁRATE SE ORIGINÓ EN EL ARCHIPIÉLAGO DE OKINAWA, AL SUR DEL MAR DE CHINA.

mente tuvo su origen en las artes marciales de China. La lucha china (*kempo*) se exportó a Okinawa, un archipiélago bajo el control feudal de China, situado entre Japón y Taiwan en el Mar Oriental de China. Puesto que el uso de armas estaba prohibido en Okinawa alrededor de 1470 (y de nuevo en 1609), la defensa propia «de la mano vacía» se convirtió en el método aceptado de combate.

Gichin Funakoshi, maestro de profesión, era un alumno de Yasutsune Itosu y Yasutsune Azato, maestros de kárate de Okinawa. En 1922, Funakoshi fue invitado por el Ministerio de Educación japonés para realizar una demostración de kárate en Tokio. Los japoneses quedaron tan impresionados que Funakoshi se quedó en Tokio y enseñó kárate en varias universidades. Dos años después, la Universidad de Keio fundó su primer *dojo* de kárate.

Funakoshi nació en 1868 en Shuri, la capital real de Okinawa, y murió en 1957, habiendo dedicado mucho tiempo de su vida al desarrollo del kárate.

La comprensión de la filosofía

La opinión general entre los que practican kárate es que si el *karateka* (el que practica kárate) respeta estrictamente las máximas del kárate – la etiqueta, el esfuerzo, la sinceridad, el autocontrol, la paciencia y el temple – entonces no existe motivo por el que él o ella no deban vivir sus vidas de acuerdo con esas mismas normas. Si las reglas del *dojo* requieren que los alumnos practiquen una buena higiene, se priven del alcohol y el tabaco, sean humildes y mantengan un nivel alto de disciplina, entonces estos principios se convertirán de forma natural en parte de sus vidas.

Principios psicológicos

Mediante la adopción de un estado de ánimo positivo en el entrenamiento, el progreso puede resultar más fácil. Una actitud positiva acrecienta la seguridad de poder actuar, y puede hacer más fácil el reconocer cómo tratar o adaptarse a cada situación, ya sea en la competición deportiva o en la vida en general.

Es la actitud y el estado de ánimo lo que frecuentemente decide el resultado de cualquier batalla.

Principios para ser trabajados

Un *karateka* bien entrenado desarrollará la energía y el equilibrio internos, y aprenderá a tener benevolencia y compasión. El *karateka* trabaja para tomar la acción apropiada en cualquier situación y siempre, con cortesía. El gran desafío para el individuo es mantener el autocontrol frente a cualquier acontecimiento.

EL ENTRENAMIENTO JUICIOSO DESARROLLA NO SÓLO EL CUERPO, SINO TAMBIÉN EL PODER DE LA MENTE.

Los diversos estilos

Mientras Funakoshi fue reconocido como el padre del kárate moderno, otras escuelas se desarrollaron y enviaron a sus maestros a Japón para la instrucción. Como resultado, el kárate se convirtió poco a poco en una parte integrante de la cultura japonesa, desarrollándose varios estilos individuales (*Ryu*).

Aparte de los estilos japoneses, se desarrollaron otras formas en otros países y tuvieron un impacto considerable en este deporte en todo el mundo. Isshin-Ryu fue fundado por Ticky Donovan, antiguo campeón británico, y estaba basado en su entrenamiento en Shotokan, Wado-Ryu y Kyokushinkai. Uechi-Ryu —conocido por sus duros ejercicios de acondicionamiento y la patada con la punta del pie dirigida a la zona del ombligo— es el nombre de Okinawa para el sistema chino Pan Gal Noon fundado por Kanbun Uechi.

Existe gran abundancia de sistemas diferentes de kárate, con cuatro estilos japoneses predominantes.

Shotokan

Shoto era el seudónimo usado por Gichin Funakoshi y el término Shotokan significa «la casa o vestíbulo de Shoto». En este estilo de kárate, se da énfasis al entrenamiento en *katas* (una secuencia fija de ejercicios realizados sin compañero) que utiliza posturas bajas y fuertes para asegurar una base sólida para las técnicas básicas. El estilo es adecuado para la competición así como para la defensa personal y fomenta un espíritu fuerte y decidido.

En 1957, la Asociación del Kárate de Japón (AKJ), que practica el estilo Shotokan, se formó con Sensei Masatoshi Nakayama —uno de los mejores alumnos de Gichin Funakoshi— como principal instructor. La AKJ ha continuado desarrollando el kárate en todo el mundo y ha sido el instrumento para promoverlo como deporte.

Goju-Ryu

Goju-Ryu, que significa estilo «duro-suave», es una combinación de técnicas chinas suaves y métodos duros de Okinawa. Esta escuela fue fundada por Chojun Miyagi (1888-1953). En los *kata*, Goju-Ryu pone el énfasis en los movimientos veloces y lentos, la tensión y la relajación, con control de la respiración abdominal

arriba: EL ESTILO SHOTOKAN ENFATIZA EL ENTRENAMIENTO DEL KATA.

abajo: EL ÉNFASIS DE GOJU-RYU SE BASA EN MÉTODOS DUROS Y SUAVES.

profunda y se caracteriza por movimientos pequeños y tensos del cuerpo.

Wado-Ryu

El estilo Wado-Ryu, («camino de armonía»), fue fundado en 1939 por Hironori Otsuka. Este estilo de kárate usa técnicas sin tensión (percutantes): los participantes dependen de la velocidad para su fuerza.

Wado-Ryu usa ejercicios de entrenamiento para dos hombres desarrollados por Otsuka. Las posturas son más elevadas que las usadas en Shotokan, pero más bajas que las utilizadas en el estilo Shukokai.

Shito-Ryu

En 1928 Kenwa Mabuni fundó el estilo Shito-Ryu (originalmente llamado Hanko-Ryu por Mabuni). Aunque era popular en Japón, no se extendió mucho más lejos.

Una rama del Shito-Ryu, el estilo Shukokai («camino para todos») fue establecido en 1950 por Chojiro Tani, que practicó por primera vez el Shito-Ryu bajo el Sensei Kenwa Mabuni. El Sensei Shigeru Kimura, el instructor técnico más antiguo fuera de Japón, desarrolló también el estilo en Occidente.

Este es un estilo rápido, que usa posturas elevadas y abreviadas que están diseñadas para el movimiento natural y una movilidad mayor, en lugar de la fuerza.

Respeto por todos los estilos

Los principios introspectivos fomentados por las artes marciales son universales y aunque existe una gran cantidad de estilos diferentes de kárate, todos tienen una contribución válida. Ningún estilo es superior a otro. Lo importante es que el *karateka* se comprometa a entrenarse y a trabajar para mejorar. Existen sendas diferentes, pero el destino espiritual y físico sigue siendo el mismo.

El desafío

La aspiración de todo principiante es alcanzar el *status* de cinturón negro (primer dan), que para muchos simboliza el poder y la fuerza. Para el devoto del kárate, el cinturón negro significa la recompensa y el reconocimiento personal y público por haber alcanzado un logro.

Arriba: EL WADO-RYU DEPENDE DE LA VELOCIDAD EN LOS MOVIMIENTOS.

Abajo: EL SHITO-RYU ES MUY POPULAR EN JAPÓN.

COMIENZO

La visión de estudiantes de kárate desfilando con su atuendo de entrenamiento y el surtido vibrante de los cinturones de diferentes colores ha plantado las semillas de la curiosidad —e incluso el temor— en la mente de muchos aspirantes a deportistas.

Compromisos

- Con un estilo en particular basado en la comprensión de las diferentes opciones disponibles.
- Con una escuela en particular que ofrezca un entrenamiento adecuado y conveniente e instalaciones apropiadas.
- Con las enseñanzas del instructor (*Sensei*), basadas en sus credenciales y la calidad de su instrucción.
- Con todas las reglas del *dojo* (lugar de entrenamiento).
- De respetar el *gi* (atuendo) y llevarlo con orgullo.
- De entrenar en la «fase» formal e informal.
- De practicar las habilidades físicas y psicológicas del deporte hasta la perfección.
- Con uno mismo.

Una nueva rutina

- Adoptar un estilo de vida más sano: dieta equilibrada, suficiente descanso y abstenerse de malos hábitos, como fumar.
- Acondicionar el cuerpo mejorando los niveles de forma física.
- Seguir un programa de entrenamiento que requiere compromiso, disciplina y sacrificio.
- Tener la habilidad de perseverar contra todas las adversidades.

Las recompensas

- Mayor autoestima y madurez.
- Físico mejorado.
- Fijación y logro de objetivos.

¡Recuerde que comenzar es sólo el primer paso!

arriba: LOS ESTUDIANTES APRENDEN QUE LAS SESIONES DE ENTRENAMIENTO VAN MÁS ALLÁ DEL DOJO.

página siguiente: EL PROGRESO DESDE EL CINTURÓN BLANCO AL NEGRO ES UN PROCESO EXIGENTE, PERO GRATIFICANTE.

Elección de una escuela

No todas las escuelas de kárate siguen el mismo estilo ni incluso ofrecen el sugerido en el nombre de la escuela. Un estudiante puede, por ejemplo, practicar el estilo Shotokan en la Escuela de Guerreros de kárate. Algunas escuelas se centran en el entrenamiento de la fuerza y las habilidades de la lucha (kárate deportivo), mientras que otras se apoyan en el entrenamiento de *kata* (entrenamiento de kárate tradicional).

Para comprender mejor el enfoque y la variación entre los diferentes estilos de kárate que se enseñan, sería una buena idea para usted, como aspirante a alumno, visitar varias escuelas de kárate para:

■ Hacer un estudio comparativo de lo que las diferentes escuelas ofrecen en términos de instalaciones para el entrenamiento entre otras cosas.

■ Para obtener una comprensión y percibir el estilo de kárate que se adecue a sus necesidades personales.

■ Reconocer y vincularse a un estilo de *Sensei* (instructor), ya sea amistoso/disciplinado o estricto/autoritario.

■ Identificar una escuela que inspire bienestar en lugar de inquietud.

La búsqueda

Para encontrar la escuela correcta en una zona en particular, establezca cuáles están registradas o afiliadas a organismos de kárate reconocidos (muy importante si tiene la intención de competir a nivel nacional, y especialmente a nivel internacional).

Qué llevar

Usted se entrena con los pies descalzos, llevando un *kimono* o *karategi* de kárate (pantalones de entrenamiento largos y blancos y una chaqueta holgada). El cinturón blanco (de principiante) se incluirá como parte del primer traje que compre, y necesitará un color diferente cuando llegue al siguiente nivel de algunos estilos.

Una vez que haya progresado más, necesitará también protecciones o guantillas para las manos y protector bucal. Aunque el kárate está extremadamente controlado, un error de fracción de segundo de juicio puede provocar un contacto inesperado, e incluso una seria lesión. Mientras que algunas escuelas requieren que sus alumnos lleven cubiertos los pies para entrenar, esto no es obligatorio en todos los *dojos*.

El *Sensei*

Sensei significa «nacido primero» (esto es, alguien «nacido antes que usted en el estilo») y es el término usado para dirigirse al instructor de la clase, una posición ganada a través de los años de entrenamiento duro y que merece el reconocimiento y el respeto. Algunos estilos sólo reconocen el título de *Sensei* a partir del tercer dan, lo que normalmente exige unos ocho años de entrenamiento.

Antes de la interacción individual con un *Sensei* y antes de comenzar una sesión de entrenamiento, es costumbre que el alumno o clase haga una reverencia al *Sensei*. Este gesto se repite al final de la sesión de entrenamiento. Aparte de ser un simple signo de respeto, el simbolismo que conlleva el gesto representa «petición de ser enseñado y gracias por ser enseñado».

El *Sensei* juega un papel importante en el entrenamiento y desarrollo del alumno. Es importante confiar en el juicio del *Sensei*, incluso cuando la instrucción y la disciplina puedan parecer a veces algo duras. ¡Recuerde que el *Sensei* se guía por años de experiencia y el conocimiento de lo que realmente es «lo mejor para usted»!

El *dojo*

El kárate se practica en un *dojo*, lo que significa «el lugar del camino» y se refiere al lugar de aprendizaje. Éste podría ser una sala de entrenamiento equipada con espejos y sacos de arena o la sala de un club adecuadamente equipada.

Pero *dojo* tiene un significado más amplio: es un lugar donde los devotos comparten su entrenamiento y conocimiento.

Reglas básicas del *dojo*

Todos los *dojos* tienen un conjunto de reglas que ayudan al régimen de entrenamiento y a la disciplina de los alumnos.

■ Hacer el saludo reverencial al entrar y salir del *dojo* es un signo de respeto hacia la zona de entrenamiento, al *Sensei* y otros alumnos de la clase.

■ Deberían quitarse los zapatos antes de pisar la zona de entrenamiento (esto no se aplica en todos los *dojos*).

■ Deberían quitarse todas las joyas antes del comienzo del entrenamiento.

■ No se puede consumir alcohol antes de la clase.

■ No se puede fumar ni mascar chicle durante el entrenamiento.

■ Acatar las normas estrictas de higiene.

■ No se tolerará el mal lenguaje o la mala conducta.

El método correcto

El kárate es la realización de una serie de técnicas y maniobras, y la habilidad y la precisión con las que se ejecutan se basan en el método correcto. Desde el principio, los alumnos son instruidos para realizar las técnicas básicas —desde asumir la postura correcta en la realización de bloqueos o paradas, puñetazos, ataques y patadas— con gran precisión, fuerza y paciencia. Es muy importante desarrollar una comprensión clara de lo que se está haciendo y de por qué se está haciendo de una manera en particular. El entrenamiento metódico básico nunca debería ser precipitado, ya que el entrenamiento de la velocidad y la fuerza sólo se puede desarrollar desde una base fuerte y estable.

Recuerde: lo que no se puede conseguir hoy puede conseguirse mañana. La fuerza de la técnica depende de la calidad de la realización. ¡Cada cinturón negro comenzó por el mismo principio!

EL ENFOQUE CORRECTO PARA LA MENTE Y EL CUERPO NO SE PUEDE APLICAR SOLAMENTE EN EL DOJO, SINO QUE TAMBIÉN SE EXTIENDE AL PABELLÓN DEPORTIVO DE LA COMPETICIÓN.

Sistema de niveles

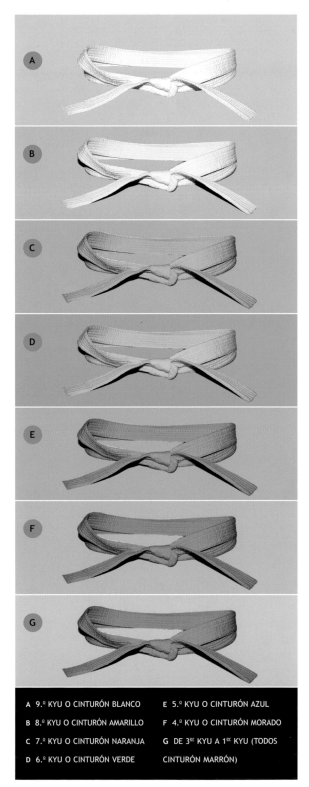

Cada estilo de kárate tiene su propio programa de niveles, una forma de medir el rendimiento y progreso de sus alumnos, y un método de recompensa. El premiar con cinturones de diferentes colores es el método aceptado de recompensa. Un cierto nivel de rendimiento gobierna cada nivel. Cuanto más elevado es éste, más duras son las exigencias y mayor es el desafío para el karateka.

Los cinturones

En ciertas clases de kárate, a los alumnos se les califica como sigue, comenzando por el noveno *kyu*:

- Noveno *kyu* (cinturón blanco)
- Octavo *kyu* (cinturón amarillo)
- Séptimo *kyu* (cinturón naranja)
- Sexto *kyu* (cinturón verde)
- Quinto *kyu* (cinturón azul)
- Cuarto *kyu* (cinturón morado), no existe en España
- Tercer *kyu* (cinturón marrón)
- Segundo *kyu* (cinturón marrón)
- Primer *kyu* (cinturón marrón)

Desde el primer kyu (cinturón marrón), se evalúa al alumno hasta primer dan (cinturón negro). Este proceso puede necesitar tres o cuatro años para completarlo.

Al llegar a primer dan, empieza un desafío totalmente nuevo; pero, naturalmente, a un nivel mucho más avanzado. Desde primer dan, puede haber un período de dos años de entrenamiento antes de que el alumno pueda clasificarse para segundo dan. De segundo a tercer dan requiere tres años de entrenamiento aproximadamente, y el cuarto dan, cuatro años, etcétera. Algunas escuelas exigen al alumno que se someta a una tesis en cada grado de dan mostrando la madurez mental y la comprensión del alumno en cada nivel más elevado. No es por tanto inusual que el alumno que se clasifica para cuarto dan, por ejemplo, necesite tener al menos treinta años para llegar a los requisitos intelectuales.

Algunas escuelas de kárate pueden premiar con cinturones negros junior a los alumnos más jóvenes (los menores de dieciocho años) sin el componente teórico.

A 9.º KYU O CINTURÓN BLANCO

B 8.º KYU O CINTURÓN AMARILLO

C 7.º KYU O CINTURÓN NARANJA

D 6.º KYU O CINTURÓN VERDE

E 5.º KYU O CINTURÓN AZUL

F 4.º KYU O CINTURÓN MORADO

G DE 3er KYU A 1er KYU (TODOS CINTURÓN MARRÓN)

Gasshukus

Un *gasshuku* es un campamento de entrenamiento que ofrece un fondo y método bastante diferentes a los de los confines de un *dojo*. Estos campamentos se pueden presentar de muchas maneras: como un solo día de riguroso entrenamiento, un fin de semana de resistencia física o incluso una semana entera de entrenamiento intensivo. Lo que hace único al *gasshuku* es que tiene lugar fuera del ambiente formal de entrenamiento donde los alumnos practican diaria o semanalmente.

El entrenamiento es duro y el terreno a menudo accidentado. El arte fino del equilibrio se puede poner a prueba mientras se practican patadas y puñetazos en un tronco de árbol; la precisión al realizar ciertas posturas se puede medir mientras se lucha contra la fuerza del agua de una corriente o en la playa, y la resistencia mental y física puede hermanarse contra los rigores presentados por el grandioso aire libre.

Un *gasshuku* supone realmente trabajar muy duro, pero está también asociado a una gran cantidad de emoción y diversión. El trabajo en grupo cultiva el espíritu de equipo y el gran sentimiento de compañerismo permite a los participantes dejar el *gasshuku* lleno de recuerdos felices, músculos doloridos y un maravilloso sentido de realización.

EN CAMPAMENTOS DE ENTRENAMIENTO AL AIRE LIBRE, CONOCIDOS COMO GASSHUKUS, SE ALIENTA LA INTROSPECCIÓN.

LOS ASPECTOS FÍSICOS Y PSICOLÓGICOS DEL KÁRATE SE FUNDEN DURANTE LOS CAMPAMENTOS DE ENTRENAMIENTO AL AIRE LIBRE.

La comprensión de los maestros

Muchos de los principios y técnicas fundamentales del kárate que se practica en la actualidad fueron desarrollados por los grandes maestros, que fueron un instrumento en el crecimiento del arte marcial actual, haciéndolo popular en la sociedad moderna.

■ Reconocido ampliamente como fundador del kárate moderno, Gichin Funakoshi será recordado por sus sencillas aunque esclarecedoras palabras: «Como la superficie brillante de un espejo refleja todo lo que está ante él y un valle tranquilo lleva incluso pequeños sonidos, así debe el alumno de kárate vaciar su mente de egoísmo y maldad en un esfuerzo por reaccionar adecuadamente a cualquier cosa que pudiera encontrar. El fin último del kárate no es la victoria o la derrota, sino la perfección de la personalidad del participante. Este es el significado del kárate.»

■ Uno de los grandes exponentes de Shotokan que jugó un papel prominente en el kárate moderno es el *Sensei* Hirokazu Kanazawa. Él ha ganado el reconocimiento mundial por su disciplina y devoción al arte. En el primer Campeonato de Kárate de Japón, que tuvo lugar en 1957, ganó todos sus combates a pesar de luchar con una mano rota.

■ Gogen Yamaguchi, que fuera jefe del estilo Goju japonés, es reconocido por su enorme contribución al estilo Goju-Ryu.

La cosecha de las recompensas

Recuerde siempre que si usted está en conflicto consigo mismo, no puede ejecutar lo que ha aprendido.

No hay duda de que después de ganar una competición individual o en equipo, un atleta se siente abrumado por la emoción, la alegría del éxito, la satisfacción y un sentido de realización. ¡Es una sensación tremenda ser ganador! La victoria se ve muy a menudo recompensada con una medalla, trofeo o premio y, en algunos países, incluso dinero. A nivel personal y profesional, el premio de recibir honores nacionales o representar a la selección para su región, su provincia o país en competiciones internacionales o locales es un triunfo personal para el atleta. Las recompensas otorgan el honor, el *status* y el reconocimiento.

LAS ENSEÑANZAS DE LOS MAESTROS PONEN EL ÉNFASIS EN LA DISCIPLINA MENTAL Y EN LOS ASPECTOS FÍSICOS.

ELEMENTOS TÉCNICOS

El entrenamiento del kárate se basa en reglas fundamentales de conducta y el ejercicio de técnicas predeterminadas. Mientras que algunos principiantes tienen un talento natural y actúan con soltura y seguridad en sí mismos, otros necesitan un programa rígido paso a paso. Aunque los movimientos vengan de forma natural o a través de la práctica rigurosa, hay técnicas básicas que requieren calentamiento sin quemarse, estiramientos sin tensarse, respiración sin desmayarse y el equilibrio sin tropezar.

En el entrenamiento no existen atajos. Aunque la práctica pueda parecer repetitiva y extremadamente elemental, estas técnicas fundamentales son esenciales para el éxito. El kárate, como cualquier otro deporte, se basa en la práctica y la paciencia, particularmente si se tiene la intención de participar competitivamente. La paciencia, la determinación y la dedicación son ingredientes esenciales para el éxito en el *dojo* y en el pabellón deportivo de competición y fundamentalmente para usted mismo.

arriba: ES IMPORTANTE PARA LOS COMPAÑEROS DE ENTRENAMIENTO EL ENTENDER QUE EL KUMITE O COMBATE ES UN EJERCICIO CONJUNTO DE PATADAS, BLOQUEOS Y PUÑETAZOS.

página siguiente: ACTUAR CON SEGURIDAD EN UNO MISMO EXIGE EL COMPROMISO CON UN RÍGIDO PROGRAMA DE ENTRENAMIENTO.

EL ENTRENAMIENTO CON SACO LE PERMITE EXPERIMENTAR EL ALCANCE
DEL IMPACTO DE LA APLICACIÓN DE UNA TÉCNICA.

Piernas y pies

Los pies y las piernas son armas valiosas. Mientras que el principiante desarrolla una postura estable y fuerte, dar patadas debería ser, inicialmente, lento y metódico. El cerebro graba el movimiento de cada técnica secuencialmente, llevando un movimiento directamente al siguiente. El kárate sólo es efectivo si la técnica es acertada.

Las patadas deben lanzarse efectivamente desde una posición firme. A medida que el cuerpo se acostumbra a recibir los conocimientos básicos se lanzan con mayor velocidad, potencia y precisión las siguientes patadas: los golpes directos con la punta del pie, los golpes laterales con la planta, los golpes circulares con el pie, los golpes hacia atrás con el pie, girando, y los penetrantes hacia atrás.

La práctica diligente y la aplicación del kime (la concentración y la potencia) se centran en las patadas que llegan a su destino de forma precisa.

Los movimientos certeros gobiernan todas las posiciones, puñetazos, bloqueos y patadas, pero es la combinación de estas técnicas básicas en diferentes secuencias lo que decidirá su eficacia. A los principiantes del kárate que se sientan suficientemente seguros de usar sus caderas para generar potencia, tengan un buen equilibrio y coordinación, y que hayan practicado las técnicas básicas de modo satisfactorio para su *Sensei*, se les presentan las técnicas de combinación, lo que a su vez les introduce en el arte del entrenamiento libre.

Puños y puñetazos

Se le enseña al cuerpo humano a reconocer y desarrollar su potencial a «defenderse si es atacado», pero la metodología de cómo «defenderse con éxito» exige una cuidadosa instrucción. El conocimiento básico de cómo doblar la mano hasta formar un puño adecuado y dirigir un puñetazo enfocado proporciona el fundamento de una variedad de puñetazos, incluyendo el golpe recto con el puño, el puñetazo de estocada y el golpe directo con brazo y pierna opuesta. Lo mismo se aplica a varios movimientos defensivos, tales como las paradas alta, baja y a media altura.

El puñetazo efectivo —que implica la respiración, la potencia y la velocidad— asegura la llegada del puñetazo al objetivo, mientras que la parada efectiva —que implica escoger la oportunidad, la concentración y el alejamiento— previene que un ataque llegue a su objetivo. Recuerde, sin embargo, que «una parada es sólo una parada cuando la postura es correcta».

Cuerpo y mente

La práctica del kárate requiere la unificación de ambos aspectos, el físico y el psicológico. Mientras que el físico (el elemento de la lucha) se puede enseñar y dominar hasta la perfección, el aspecto psicológico es considerablemente más difícil de desarrollar y mantener, y sin embargo ambos van de la mano.

La resistencia mental, por tanto, significa no desmoronarse ante la adversidad, no sentirse sobrecogido por el pánico o el miedo, y mantener el *hara*, la energía que alienta el crecimiento del espíritu y el carácter dentro de cada individuo.

CUANDO SE USA CORRECTAMENTE, EL CODO PUEDE SER UN ARMA PODEROSA.

UN ALUMNO SERIO DE KÁRATE PUEDE PRACTICAR LA MEDITACIÓN COMO MEDIO PARA CONECTAR MENTE, CUERPO Y ESPÍRITU.

Precalentamiento

Antes de practicar ningún deporte, es esencial realizar los ejercicios requeridos de preparación y calentamiento. Necesitará calentar los principales músculos y articulaciones del cuerpo, y preparar la mente para la actividad física a la que el cuerpo está a punto de ser sometido. Caliente sus músculos con ejercicios de estiramientos antes de lanzarse a un programa de acción física. Correr en el mismo lugar o en círculo y pedalear son sólo algunas de las técnicas de calentamiento. Éste no debe ser exhaustivo, sino que debe realizarse con una intensidad suficiente para poder aumentar la velocidad del pulso y estimular la circulación de la sangre.

Enfriamiento

Después del programa o práctica de los ejercicios debería seguir una sesión de enfriamiento: los ejercicios de respiración reducirán la velocidad del pulso y calmarán la mente, y los estiramientos ayudarán a prevenir el agarrotamiento de los músculos.

Ejercicios abdominales

Para este movimiento, use los músculos del estómago y no los del cuello. Es importante mantener las rodillas dobladas, con la espalda y el cuello rectos.

⇩ Cuando levante la espalda del suelo (A) evite que los brazos suban, ya que esta acción hará que el cuello se mueva hacia delante de un tirón y aumentaría el riesgo de lesión.

⇩ Mantenga los brazos sin moverlos a la altura de los hombros o déjelos descansar relajadamente encima del tórax (B) cuando tire de la parte superior del cuerpo en una postura encorvada. Para que un ejercicio abdominal sea efectivo, no es necesario levantar la parte superior del cuerpo al mismo nivel que las rodillas.

Flexiones

⇩ Estírese boca abajo en el suelo con el cuerpo totalmente extendido y la espalda y los glúteos en línea recta. Coloque las palmas de las manos planas en el suelo a cada lado de los hombros.

⇩ Empuje hacia arriba utilizando la fuerza de los brazos. Es importante no dejar que su cuerpo toque el suelo mientras baja el cuerpo antes de empezar el movimiento hacia arriba.

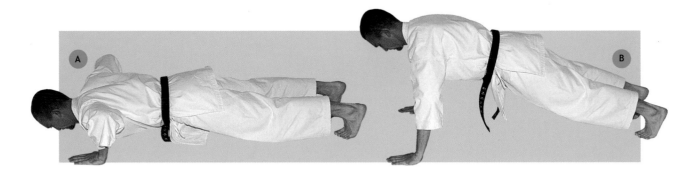

Las personas con problemas de lumbares y que no tengan suficiente fuerza en la parte superior del cuerpo para realizar flexiones en las que los dedos del pie y los puños soportan su peso, pueden bajar las rodillas al suelo en su lugar.

Cómo estirarse

La técnica correcta implica un estiramiento relajado y sostenido con toda su atención concentrada en los músculos que se están trabajando. Si se estira adecuada y regularmente, el cuerpo responderá correctamente a cada movimiento requerido por el kárate. El estiramiento incorrecto —demasiado frecuente entre los desinformados— implica simplemente rebotar hacia arriba y hacia abajo sin un propósito, o estirarse hasta el punto de que el cuerpo experimenta un dolor extremo. El estiramiento incorrecto es más perjudicial que beneficioso.

Estiramientos fáciles ⇩

En este estiramiento afloje el cuerpo gradualmente, manteniéndose 20-30 segundos en esta postura. Cuando se alcance el punto de tensión suave, relájese mientras mantiene el cuerpo en esta postura. La tensión debería desaparecer gradualmente a medida que el cuerpo se acostumbra a la postura. De lo contrario, afloje el estiramiento ligeramente y busque un grado de tensión que sea cómodo para el cuerpo.

Los estiramientos fáciles reducen la tensión muscular y preparan los tejidos del cuerpo para estiramientos (estáticos) avanzados.

Estiramientos estáticos ⇨

Una vez que haya dominado los estiramientos sencillos, puede proceder fácilmente a la realización de estiramientos más avanzados moviendo una fracción de unos veinticinco centímetros más hacia abajo en cada estiramiento fácil. Haga esto hasta que sienta una suave tensión en el cuerpo y mantenga la postura durante 20-30 segundos. Si persiste la tensión, no empuje el cuerpo; aflójelo ligeramente. La respiración debería ser lenta y rítmica. Si se dobla hacia delante para estirarse, mantenga la espalda recta y respire lentamente mientras mantiene la postura de estiramiento. No retenga la respiración mientras se estira. Si una postura inhibe la pauta de respiración, significa que el cuerpo y la mente no están lo suficientemente relajados.

Los estiramientos estáticos aumentan la flexibilidad, promueven la circulación, aumentan la gama de movimientos, reducen la tensión muscular y previenen las lesiones.

⇦ ⇧ Para evitar las lesiones, los movimientos que llevan a estirar la pierna deberían ser graduales y pueden necesitar ser ejecutados con la ayuda de un compañero.

Advertencia: Si ha tenido alguna lesión física, se ha sometido a una operación quirúrgica —particularmente en lo que se refiere a los músculos y las articulaciones— o ha tenido un periodo de inactividad, consulte al médico antes de comenzar un programa de ejercicio físico.

Su cuerpo, el arma

Puede resultar bastante asombroso darse cuenta de que el cuerpo es, de hecho, una «arma que camina». Las manos, los pies, las rodillas, los codos, los dedos de las manos, las piernas, así como también la cabeza, adoptan un nuevo significado como instrumentos del kárate y armas naturales de ataque y defensa siempre accesibles.

Sin embargo, para que sus dedos, manos y pies resulten efectivos como armas del kárate, necesitará comprometerse con el cuerpo entero. Cada esfuerzo debería por tanto realizarse para mantener el cuerpo

arriba: GOLPE DADO CON LAS PUNTAS DE LOS DEDOS (*NUKITE*)

derecha: MANO EN FORMA DE SABLE (*SHUTO UCHI*)

abajo: PUÑETAZO DE ESTOCADA (*OI-ZUKI*), CENTRADO EN LA PARTE INFERIOR DE LA CARA.

abajo a la izquierda: PUÑETAZO DE ESTOCADA (*OI-ZUKI*), CENTRADO EN LA GARGANTA.

abajo a la derecha: GOLPE DE CODO LATERAL (*YOKO EMPI-UCHI*).

preparado, acondicionado y entrenado para actuar con coordinación, potencia y velocidad.

Las manos y los pies

Las manos y los pies son las armas más usadas en la realización de técnicas de kárate. Las técnicas de ataque, tales como los puñetazos y las patadas, sirven también a menudo para las técnicas de bloqueo o parada. La pierna que da la patada (que naturalmente tiene que recorrer una distancia mayor desde el suelo hasta la zona blanco del cuerpo del oponente) puede asestar el triple de potencia que el brazo, mientras que la

pierna de apoyo soporta todo el peso del cuerpo. Es por tanto necesario desarrollar la fuerza en las piernas y en los pies, que a su vez ayudan a la velocidad con la que se ejecuta la patada.

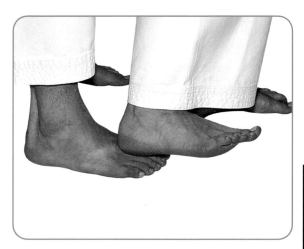

arriba: PATADA CIRCULAR (*MAWASHI-GERI*)

izquierda: PISOTÓN CON EL TALÓN DEL PIE (*KAKATO FUMIKOMI*).

abajo a la izquierda: ATAQUE CON EL CODO HACIA ATRÁS (*USHIRO EMPI*).

abajo a la derecha: GOLPE CON LA PARTE POSTERIOR DE LA CABEZA (*ATAMA UCHI*).

A

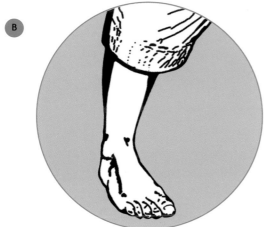

B

C

LAS PARTES DEL CUERPO MÁS SUSCEPTIBLES DE SUFRIR UNA LESIÓN SON LA CARA, PARTICULARMENTE LA NARIZ (A) Y LA BOCA, LOS PIES (B) —MÁS FRECUENTES EN LAS PATADAS— Y EL CUELLO Y LA ZONA LUMBAR (C).

Lesiones

Casi cualquier ejercicio deportivo puede causar lesión por:

- El inapropiado o inadecuado calentamiento.
- Los estiramientos excesivos o mal realizados.
- El uso de equipo inapropiado.
- La mala aplicación de las técnicas.
- La realización de movimientos excesivos o inapropiados.
- La actuación sin la adecuada fuerza, resistencia, flexibilidad, velocidad o coordinación.
- Durante fases inapropiadas de relajación-tensión.
- Cuando se usan los músculos, ligamentos o tendones inapropiados durante su funcionamiento.
- La aflicción o el agotamiento psicológico.

Lesiones frecuentes en el kárate

Las lesiones más frecuentes que ocurren en kárate incluyen:

- Torceduras (lesión de ligamentos).
- Esguinces (lesión de músculos o tendones).
- Hemorragias nasales, cortes, contusiones y arañazos.
- Ampollas en la planta de los pies.
- Conmoción cerebral.
- Pérdida del conocimiento.

Tratamiento recomendado

- Para las torceduras el objetivo es reducir la hinchazón. Recuerde la regla de oro: descanso, hielo, compresión y elevación.
- Para una nariz que sangra el objetivo es parar la hemorragia. Siéntese con las rodillas flexionadas y coloque la cabeza entre ellas. Póngase un paño helado en la nuca. Apriete las fosas nasales, sin sonarse la nariz. No ponga la cabeza hacia atrás para evitar tragar sangre, mejor escúpala.
- Para cortes, contusiones y arañazos el objetivo es parar la hemorragia. Aplique presión directamente. Para limpiar y proteger la herida, enjuague adecuadamente con un gran chorro de agua limpia y póngale antiséptico. Asegúrese de usar solamente apósitos esterilizados y herméticos tales como tiritas, gasas esterilizadas o compresas protectoras.
- Para curar ampollas, ábralas y limpie a conciencia la zona al aire con desinfectante.
- En casos extremos busque atención médica.

Consejos prácticos y claves de entrenamiento

Entrenarse demasiado puede ser tan perjudicial para el cuerpo como entrenarse poco. Un cuerpo excesivamente cansado sólo puede ofrecer una actuación mediocre. Un músculo agotado puede llevar a una lesión que obstaculice el rendimiento tanto presente como futuro.

La perfección consiste en la calidad del entrenamiento y la educación en un horario de entrenamiento. Entrenarse durante ocho horas al día no indica necesariamente estar realmente en forma. Los practicantes de kárate de nivel elevado y los campeones con éxito son personas que han decidido ser disciplinados y han sido lo suficientemente disciplinados para tomar esa decisión.

> **Recuerde:** *El entrenamiento esporádico llevará inevitablemente a un bajo rendimiento, posiblemente incluso a una lesión.*

Recordatorios prácticos

- No ejerza fuerza en los hombros, sino debajo de ellos.
- Sin concentración o *kime* (v. pág. 24) no hay verdadero kárate.
- No aparte la mirada de su oponente ya que él aprovechará cualquier signo de debilidad.
- La calidad es rendimiento, no la cantidad.
- Pare con el cuerpo, los brazos son accesorios.
- Añada fuerza y velocidad a la técnica.
- Cuando realice un *kata*, considérelo la actuación de toda una vida.
- Mantenga una respiración correcta en combates de *kata* y *kumite*.
- Mantenga la mente concentrada y el espíritu fuerte.
- Trabaje el kárate desde dentro; no se puede entender mirando desde el exterior hacia dentro.
- Respete siempre las máximas del kárate.

UN BARRIDO DE PIES (*ASHI-BARAI*), QUE CONECTA JUSTO POR ENCIMA DEL TOBILLO, DESESTABILIZARÁ A UN OPONENTE DURANTE UN COMBATE (*KUMITE*).

APRENDER LO BÁSICO

Desde la postura preparada o de lucha, debe prepararse para ejecutar una serie de puñetazos, bloqueos, patadas y las diversas combinaciones.

Desde el principio

Una postura poderosa y estable es la base de cualquier técnica de kárate. Una técnica —ya sea de ataque o de defensa— sólo puede ser efectiva si el cuerpo tiene equilibrio y estabilidad en la postura, movilidad y flexibilidad en el movimiento y un centro de gravedad bajo. Para que una técnica sea correcta, veloz y poderosa, debe por tanto lanzarse desde una base estable (v. pág. 48).

Los puñetazos, patadas y bloqueos se ejecutan desde esta postura básica, así que es importante que el *karateka* principiante desarrolle una postura bien segura.

Puñetazos

Un puñetazo consiste en un antebrazo empuñado que se empuja hacia delante y se dirige al cuerpo del oponente, mientras se mueve hacia delante desde una postura erguida en un movimiento defensivo o de ataque.

La parte del puño que hace contacto con el blanco es la parte más importante de la mano. Utilizando la base de los nudillos de los dedos índice y corazón, la concentración de la fuerza es más efectiva. La muñeca, el codo y el hombro realizan un movimiento coordinado.

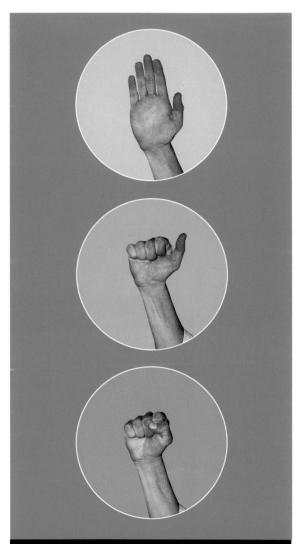

arriba: EMPEZANDO CON EL MEÑIQUE, FORME UN PUÑO DOBLANDO LOS CUATRO PRIMEROS DEDOS DENTRO DE LA PALMA DE LA MANO Y ESCONDIENDO EL DEDO PULGAR CON LOS DEDOS ÍNDICE Y CORAZÓN, MANTENGA LOS DEDOS CERRADOS FUERTEMENTE. LA MANO DEBERÍA FORMAR UN BLOQUE SÓLIDO, LO QUE HACE MÁS EFECTIVA LA FUERZA DEL IMPACTO.

izquierda: DOMINAR LAS POSTURAS BÁSICAS DE LAS MANOS AYUDARÁ EN EL DESARROLLO DE UNA POSICIÓN DE COMBATE SÓLIDA.

página siguiente: SIMPLES AUNQUE FUNDAMENTALES, LOS EJERCICIOS QUE REFUERZAN LA MUÑECA Y LA MANO AÑADIRÁN FUERZA AL PUÑETAZO.

Golpe recto (Choku- zuki)

⇦ Con las piernas separadas a la anchura de los hombros y las rodillas ligeramente flexionadas (A) alinee los brazos directamente delante de usted, con ambas manos cerradas en forma de puño, tocándose los pulgares y los puños señalando hacia abajo.

⇨ Relaje los hombros, con sus manos ligeramente más bajas que los hombros. Ponga el brazo derecho de nuevo al lado del cuerpo de manera que esté en línea con sus costillas y por encima de sus caderas. Mientras hace esto, gire la muñeca de manera que mire hacia arriba (B) y mantenga el codo metido junto al cuerpo. Manténgalo ahí mientras el brazo se estira para ejecutar un puñetazo.

⇦ Entonces, mientras el codo del brazo derecho se mueve hacia delante y lejos del cuerpo, la muñeca debería girar hacia abajo (C). Los movimientos de ambos brazos deberían ser iguales, simultáneos y coordinados.

⇨ Mientras el brazo derecho empuja hacia delante, arrastre el codo de su brazo izquierdo hacia atrás de golpe hacia el lado del cuerpo y, mientras el codo izquierdo llega al costado, la muñeca debería girar automáticamente hacia arriba (D).

Nota: *La postura de preparación (yoi) que se muestra en la figura A es la postura estándar usada para los movimientos de este capítulo.*

Golpe de puño con la misma pierna y mano adelantados (*Oi-tsuki*) ⇩

Lanzándolo desde una posición de combate, use su pie adelantado para llevar el pie de atrás hacia delante. Al mismo tiempo, dé un golpe con la mano que corresponde al pie de delante de manera que el cuerpo se transforme en una postura hacia delante. En todo este movimiento, mantenga la mano al lado del cuerpo y lance el puñetazo sólo mientras el pie toca el suelo delante de usted.

Cuando realice este golpe, tenga en mente lo siguiente:

■ Mantenga el cuerpo erguido, con las caderas y los hombros bloqueados hacia delante.

■ La mano empuja hacia el centro del cuerpo del oponente.

■ Mantenga la pierna de atrás bloqueada y el talón en el suelo.

La efectividad del puñetazo se basa en la velocidad inicial y en el mantenimiento de la potencia, para terminar con la concentración.

Asegúrese de que el codo del brazo que golpea se mueva nivelado contra el lado de su cuerpo mientras arremete hacia delante para asestar el puñetazo.

Golpe directo con el puño y pierna opuesta (*Gyakutate-tsuki*) ⇩

El golpe directo con el puño y pierna opuesta conlleva asestar un puñetazo con el brazo derecho mientras adelanta la pierna izquierda, o con el brazo izquierdo mientras adelanta la pierna derecha.

Es importante que ambas caderas se extiendan hacia delante en la dirección del blanco mientras asesta el puñetazo. Para mantener el equilibrio, mantenga las caderas tan bajas como sea posible.

Los pies y las rodillas permanecen firmes contra el suelo mientras se mueven las caderas. Como en el golpe anterior (*Oi-tsuki*), la muñeca debe permanecer firme y recta cuando se realiza el golpe *Gyakutate-tsuki*, de modo que su impacto se sienta sólo en los dedos índice y corazón. Medir el tiempo es crítico. El *Gyakutate-tsuki* es una fracción de segundo más rápido que el *Oi-tsuki*. Este golpe vertical se llama golpe vertical ascendente (*Tate tsuki*).

Las caderas juegan un papel muy importante en la ejecución de este golpe ya que forman la base para la rotación de la parte superior del cuerpo.

Paradas

Los diversos bloqueos o paradas usan los brazos y las manos como primeras «armas de defensa». El bloqueo debe realizarse en el momento en que el oponente lanza un ataque.

Cuando aplique la parada o bloqueo es aconsejable mover el cuerpo hacia delante, ya que este movimiento ayuda a romper la fuerza del ataque mientras el cuerpo del oponente arremete hacia delante.

Parada alta (*Jodan age-uke*) ↘

La parada alta sirve para defender la zona de la cara.

Para realizar la parada alta, póngase en pie con los pies separados a la anchura de sus hombros y las rodillas ligeramente flexionadas. Mantenga el brazo izquierdo recto delante del cuerpo y arrastre el brazo derecho a su lado con la muñeca hacia arriba. Mientras el brazo derecho se aleja del cuerpo —manténgalo cercano a su lado de manera que no haya balanceo hacia fuera— el brazo izquierdo se mueve hacia el tórax y le sigue inmediatamente el brazo derecho, que cruza por fuera. El brazo derecho, entonces, continúa el bloqueo hacia arriba con el antebrazo centrándose aproximadamente a 15 centímetros arriba por delante de la cabeza, con la parte interna de la muñeca apuntando hacia fuera, lejos de la cara. Simultáneamente, el brazo izquierdo se arrastra hacia atrás hacia el lado del cuerpo de manera que descanse al mismo nivel que la costilla más baja. La fuerza de la parada alta se sitúa en el codo.

La mano izquierda se mueve hacia atrás lista para el contraataque, mientras los ojos permanecen centrados en los movimientos del oponente.

⇧ La parada alta, o *jodan age-uke*, se puede ejecutar también con el brazo izquierdo, como se puede observar en la vista lateral arriba.

Parada baja (*Gedan-barai*) ⇩

La parada baja sirve para proteger las zonas del estómago y las ingles, mientras se protege de un ataque hacia el lado del cuerpo.

Manténgase en pie con los pies separados a la anchura de los hombros, las rodillas ligeramente flexionadas y el brazo izquierdo en línea recta delante de usted. El brazo derecho se arrastra hacia atrás junto al lado derecho del cuerpo con la muñeca girada hacia arriba. Con la parte inferior de la muñeca mirando hacia dentro, arrastre su mano derecha hacia la oreja izquierda y el codo derecho junto al tórax.

El brazo derecho bloquea hacia abajo, moviéndose en diagonal a través del cuerpo de manera que el foco es la parte superior del muslo.

Mientras llega al foco, el puño derecho —que debería señalar hacia abajo— debería pararse cerca de 15 centímetros más arriba de la parte superior del muslo. Al mismo tiempo, el brazo izquierdo vuelve hacia atrás junto al lado izquierdo del cuerpo y descansa en la parte inferior de la caja torácica.

⇧ La parada baja, o *gedan-barai*, puede también ejecutarse con el brazo izquierdo, como se observa en la vista lateral arriba.

Bloqueo excesivo

El bloqueo excesivo es tan inefectivo como el bloqueo escaso. Para parar de manera efectiva, centre la parada en las caderas. Girar los brazos más allá de las caderas y del cuerpo produce un bloqueo excesivo. Este movimiento no es tan sólo una pérdida de energía, sino que también tendrá un efecto adverso en encontrar la oportunidad de realizarlo. Bloquear de forma escasa, por otro lado, produce el exponer las costillas ante su oponente en un contraataque.

Un bloqueo sólo puede considerarse efectivo si el cuerpo entero sostiene el movimiento y el bloqueo.

Parada a media altura con el antebrazo (Soto-uke)

La parada a media altura con el antebrazo sirve para defender el torso contra un ataque.

⇓ Colóquese con los pies separados a la anchura de los hombros y las rodillas ligeramente flexionadas. El brazo izquierdo debería mantenerse recto y extendido hacia delante de su cuerpo. El brazo derecho se lleva hacia atrás al lado del cuerpo con la parte inferior de la muñeca girada hacia arriba. Lleve la mano derecha arriba hacia el hombro derecho con la muñeca mirando hacia delante y el codo haciendo presión contra el cuerpo (A).

↗ El brazo derecho bloquea en un barrido semi-circular con la muñeca hacia su cara cuando alcance su objetivo. El brazo izquierdo se coloca hacia detrás y descansa bajo las costillas (B).

⇓ La parada a media altura con el antebrazo se puede realizar también con el brazo izquierdo (abajo).

Siguiendo el resumen, concéntrese en girar la muñeca rápidamente. Esta acción ayudará a cerrar el antebrazo.

El movimiento fuerte y defensivo con el antebrazo (conocido como Soto-uke) se usa para bloquear un ataque contra el plexo solar.

Parada con golpe (*Uchi-uke*)

La parada con golpe defiende el torso o parte superior mediante el desvío del ataque hacia el lado.

⇩ Colóquese con los pies separados a la anchura de los hombros y las piernas ligeramente flexionadas por las rodillas. El brazo izquierdo está de nuevo recto y extendido hacia delante. El brazo derecho se mueve hacia atrás al lado del cuerpo con la parte inferior de la muñeca hacia arriba. El brazo derecho entonces cruza el tórax bajo el brazo izquierdo y más allá de la axila con la muñeca apuntando hacia abajo (A).

↱ Pare a su oponente con su antebrazo en diagonal a través del tórax con su muñeca señalando hacia arriba, de manera que el foco esté nivelado con el hombro. De nuevo, hay un espacio de cerca de 15 centímetros entre la caja torácica y el codo derecho. Simultáneamente, el brazo izquierdo se coloca hacia atrás en el lado izquierdo del cuerpo y descansa al lado de sus costillas (B).

⇩ La parada con golpe puede realizarse también con el brazo izquierdo, como se observa en la vista lateral abajo.

A B

Cuando ejecute la parada con golpe, encierre el codo mientras se centra en la acción de la muñeca.

Patadas

A pesar de que las patadas son ataques poderosos que pueden ser bastante destructivos en comparación con los puñetazos y paradas, éstas tienden a carecer de velocidad. Para que sean efectivas, es necesario lanzar las patadas desde una postura estable, fuerte y equilibrada y con tanta fuerza y velocidad como sea posible.

Levantar y flexionar la rodilla —manteniendo el pie en una postura fuerte y controlada— son elementos importantes en la fase inicial de cualquier patada.

> ### Una patada efectiva
> *Para realizar una patada efectiva, la pierna que está apoyada en el suelo debe permanecer así, mientras que la rodilla y el pie se elevan tanto como sea posible.*

⇧ Las patadas se realizan desde una posición de combate, con la pierna izquierda hacia delante y el brazo izquierdo alineado con la pierna izquierda.

Patada frontal penetrante (*Mae-geri-kekomi*)

⇨ Desde la postura de combate (v. pág. 42) con la pierna izquierda hacia delante y el brazo izquierdo alineado con la pierna izquierda, eleve la rodilla derecha arriba hacia el pecho y coloque el pie hacia atrás con los dedos de los pies alzados hacia arriba (A).

⇩ Cierre la pierna delante de usted, dando una patada con la punta del pie. Inmediatamente después de hacer contacto con su objetivo, coloque el pie atrás rápidamente hacia su cuerpo, con la rodilla aún elevada a la altura del pecho (B). Entonces coloque el pie de nuevo en la postura de combate, de manera que esté preparado para continuar con una técnica complementaria si es necesario.

A través de la práctica constante, los pies pueden convertirse en armas poderosas y efectivas. Cuando dé la patada, preste especial atención a la distribución del peso del cuerpo. Es importante que la pierna que realiza la patada no lleve todo el peso del cuerpo.

Patada lateral penetrante (*Yoko-geri-kekomi*)

⇩ Desde una posición de ataque (v. pág. 42), eleve la rodilla izquierda hacia el pecho con el pie izquierdo hacia atrás y los dedos del pie elevados al mismo tiempo (A). (Es importante que el cuerpo gire hacia la derecha simultáneamente.)

El pie derecho permanece firme en el suelo durante la realización de esta patada con la pierna derecha ligeramente flexionada. Cuando dé la patada, la parte superior del cuerpo debería mantenerse tan erguida como sea posible. Esto asegura que la patada se realice con fuerza y desde una postura equilibrada.

↯ Manteniendo la rodilla izquierda levantada, empuje la cadera izquierda hacia arriba (B), pero asegúrese de que, cuando realice la patada, la pierna de apoyo gire para evitar una lesión en la rodilla.

⇩ Dé una patada a la izquierda, enderezando y empujando la pierna de manera que el borde del pie impacte en el cuerpo de su oponente (C). El énfasis de la patada debería estar en la parte del pie que sea más fuerte, normalmente hacia el talón. Después del contacto, coloque la rodilla de nuevo arriba hacia el pecho y entonces cambie el pie a la posición de inicio.

Patada en giro recto penetrante (*Ushiro-geri-kekomi*)

↘ Comenzando en la posición de combate estándar, con el pie derecho mirando hacia delante (A), gire en sentido de las agujas del reloj sobre la base de los dedos del pie derecho de modo que dé la espalda a su oponente.

↘ Una vez que haya girado la espalda hacia su oponente, levante inmediatamente la rodilla hacia su pecho (B) y coloque su pie arriba, con los dedos de los pies elevados.

⇓ Empuje la pierna derecha hacia atrás de manera que el talón entre en contacto con su blanco. Los dedos deberían señalar hacia abajo para evitar lesiones. Una vez que haya realizado el contacto (C), doble la rodilla de nuevo y rápidamente gire el cuerpo en sentido de las agujas del reloj, bajando el pie de modo que se enfrente a su oponente de nuevo —la pierna derecha debería mirar hacia delante— y las manos estén arriba y en una postura que indique la continuación del golpe contra su oponente.

Mientras gire el cuerpo, los ojos deberían escudriñar la zona del blanco, incluso antes de lanzar la patada. Este golpe es una defensa ideal contra un ataque por la espalda.

Patada circular (*Mawashi-geri*)

↶ Desde la posición de combate —con el pie izquierdo mirando hacia delante— eleve su rodilla derecha hasta la altura de la cadera. La pierna está flexionada, el pie hacia atrás y los dedos del pie hacia arriba a la misma altura que la rodilla.

⇐ Lance la pierna hacia el oponente (directamente desde la rodilla) con el pie hacia atrás de manera que haga contacto inmediato con el blanco en el oponente, normalmente la sien o las costillas.

Después de haber golpeado el objetivo, coloque las piernas y las caderas hacia atrás rápidamente y baje el pie en la posición de combate con la que usted comenzó, listo para continuar con el ataque. Algunos estilos usan el empeine y/o la espinilla para alcanzar el blanco; otros, la base e incluso la punta de los dedos.

> *Cuanto más suba la rodilla, más elevado es el punto de contacto con el cuerpo de su oponente.*

Patada circular inversa (*Ushiro-mawashi-geri*)

Como en otras muchas patadas, esta maniobra puede ejecutarse con el talón del pie y, como resultado, puede ser muy peligrosa. No se recomienda para torneos de kárate, en los que dar patadas con la planta del pie es mucho más apropiado.

> *Es mucho más fácil realizar esta patada si la pierna izquierda del oponente está mirando hacia delante. Esto es así porque la defensa del oponente tiende a ser menor en el brazo derecho que en el izquierdo, y no sólo reduce las posibilidades de que usted sea bloqueado efectivamente, sino que también aumenta sus posibilidades de impactar en el blanco.*

⇨ Desde la posición de combate, gire en la dirección de las agujas del reloj sobre el pie y cadera de la izquierda (A) con la rodilla derecha flexionada y levantada y la pierna doblada hacia atrás.

↖ Lance la pierna desde la rodilla con un movimiento en sentido de las agujas del reloj (B), asegurándose de que la pierna con la que se apoya está ligeramente flexionada.

⇩ Después de que la planta (o el talón) del pie haya impactado en la sien, cara o cuello del oponente, recupere la pierna y el pie hacia atrás rápidamente (C). Es importante mover la pierna hacia atrás rápidamente y colocar el pie en el suelo (con la pierna de la patada mirando hacia delante) una vez que haya completado la técnica.

Las posiciones

Para asegurarse de que las técnicas de kárate se realizan con precisión, es importante que mantenga la posición correcta. Cuando aprenda posiciones fuertes y estables, concéntrese en su posición, con la parte superior del cuerpo firme y erguido. Dar un paso hacia delante o hacia atrás, deslizándose a través del suelo o girar, sólo puede ser efectivo si se realiza desde una posición estable. Recuerde, también, que cambiar de una técnica a otra aumentará inevitablemente la ocasión de perder el equilibrio, a menos que usted pueda mantener la postura correcta.

Una posición fuerte

Una característica importante de una posición fuerte es que la espalda se mantiene erguida, con las rodillas ligeramente flexionadas, los pies firmes en el suelo y los dedos de los pies aferrados al suelo.

La posición de preparación (*Yoí*) ⇨

La posición de preparación es una posición de alerta desde la cual comienza todo entrenamiento. Mantenga la barbilla arriba, con los ojos centrados en su oponente. En ningún momento debería bajar su barbilla hacia el pecho. Los pies deberían mirar hacia delante, separados a la anchura de los hombros, las rodillas ligeramente flexionadas de manera que el cuerpo sea lo suficientemente flexible para una aceleración inmediata. Las manos deberían estar fuertemente cerradas en un puño, con la parte inferior de las muñecas señalando hacia el cuerpo y hacia abajo y alineadas con las piernas.

> *Para medir la profundidad correcta (en otras palabras, la distancia entre la pierna de delante y la de atrás) de esta postura baje la rodilla que está atrás hasta el suelo. Debería estar casi alineada con el talón del pie de delante, a una distancia que se corresponde con la altura del torso o zona superior del cuerpo.*

La posición de guardia (*Kamae*)

La posición de guardia, o *kamae*, es la posición que se usa más frecuentemente en el entrenamiento.

Desde la posición de guardia, no sólo están las manos y los pies en una posición cómoda para realizar técnicas combinadas, sino que, cambiando la posición del cuerpo y los movimientos acelerados, se realizan fácilmente cuando los pies miran hacia delante en la dirección en la que el cuerpo necesita moverse.

A

⇩ Desde la posición de preparación (barbilla arriba, pies mirando hacia delante y rodillas ligeramente flexionadas), el brazo izquierdo se dobla debajo del brazo derecho mientras el brazo derecho se alinea hacia delante, con los codos casi tocando. Mientras el brazo izquierdo cruza el pecho en una acción de bloqueo, la mano derecha va hacia atrás en dirección al plexo solar y la pierna izquierda se mueve hacia delante en una postura de guardia. Es importante advertir que la mano derecha no va hacia atrás hasta la caja torácica (como lo haría cuando se lanza un puñetazo).

⇩ Ambos puños, con la cara inferior de las muñecas señalando hacia arriba, miran hacia el oponente. La mano izquierda está alineada con el hombro izquierdo y a la misma altura de éste. Las piernas deberían estar separadas a la anchura de los hombros, con la rodilla de delante flexionada sobre el pie de delante, con el que está alineada. La pierna de atrás está estirada y la cadera hacia atrás en un ángulo de 45°. Los pies se mueven en la dirección en que el cuerpo está mirando, con ambos brazos en posición y la cadera hacia atrás, reduciendo la zona del blanco. Las caderas se mantienen bajas para que se pueda acelerar hacia delante y hacia atrás con facilidad.

⇦ Posición adelantada (*Zenkutsu-dachi*)

La posición adelantada, muy similar a la de guardia, difiere tan sólo en que es más profunda y en que la mano que está a su lado se lleva más lejos hacia atrás en dirección a la caja torácica cuando se aplica una técnica. Esta posición es ideal cuando se necesita aplicar potencia y técnica en un movimiento hacia delante. Cuando se mueva de una posición de guardia a una posición adelantada, la rodilla debería estar flexionada sobre el pie de delante, con el que debería estar alineada. La pierna de atrás debería estar quieta. Ambos pies miran hacia delante en la dirección en la que el cuerpo está señalando. De nuevo la cadera se mantiene baja. En el bloqueo, la cadera irá hacia atrás en un ángulo de 45° mientras la mano va hacia atrás en dirección a la caja torácica.

La técnica poderosa y la buena posición van unidas. La posición adelantada es muy apropiada para los movimientos rápidos hacia delante mientras el cuerpo está naturalmente en posición de moverse hacia delante.

⇧ La posición adelantada difiere de la posición de guardia estándar en que requiere que se lleve la mano derecha más atrás hacia las costillas.

Posición del jinete (*Kiba-dachi*) ⇨

La posición del jinete se parece a la de un jinete sentado encima del lomo de un caballo. Los talones de ambos pies están alineados, las rodillas flexionadas hacia delante y hacia fuera, y las caderas basculadas de manera que miren hacia delante. El peso total del cuerpo se distribuye directamente por encima del centro de ambas piernas. Esta posición —que promueve el desarrollo de piernas, caderas y tobillos fuertes— es efectiva cuando se trata de defenderse de ataques de más de un oponente y se lanza simultáneamente a ambos lados del cuerpo.

⇦ Posición atrasada (*Kokutsu-dachi*)

Desde la posición de preparación, coloque el pie derecho hacia delante y alineado con el talón del pie izquierdo, que simultáneamente gira a la izquierda mientras se mueve hacia delante. Cuando realice esta posición defensiva, la pierna de atrás sostiene el 70 por 100 del peso corporal. Ambas rodillas deberían estar alineadas con los pies. De nuevo, la cadera está baja. La posición atrasada permite mover el cuerpo lejos del alcance de un atacante.

Combinaciones de técnicas básicas

Una vez que el *karateka* se sienta seguro y cómodo con las posiciones, los bloqueos, las patadas y los puñetazos básicos, el practicar diferentes combinaciones ofrece un nuevo reto. Únicamente con la perfección en cada movimiento individual, el *karateka* puede desarrollar una serie complementaria en la aplicación de técnicas. La práctica de técnicas combinadas promueve que el cuerpo se mueva naturalmente y responda automáticamente, lo que es especialmente importante para el combate libre (*kumite*).

⇖ El atacante (a la derecha) da un paso para asestar un puñetazo en el pecho del oponente (*oi tsuki*). Para defenderse, el oponente (a la izquierda) entonces se desliza hacia atrás (A).

⇐ El atacante entonces asesta un golpe directo con el puño del brazo izquierdo, con la pierna hacia atrás (B) y el oponente da un paso atrás, parando el puñetazo con su brazo izquierdo (*shoto uke*).

⇐ El atacante continúa con una patada circular (*mawashi-geri*) (C) a un lado de la cara del oponente.

52

Alineación de las caderas ⇩

Las técnicas de kárate efectivas dependen de la poten-cia. Ésta, a su vez, depende del fuerte movimiento del bajo abdomen y las caderas.

Cuando dé un puñetazo, mantenga el torso erguido porque inclinarse hacia delante podría causar que las caderas se torcieran ligeramente, un movimiento que podría llevar a efectuar un puñetazo más débil.

Los movimientos de cadera ⇩

El movimiento de las caderas juega un papel impor-tante en la generación de potencia:

■ Para dar un puñetazo o patada, las caderas giran desde una posición nivelada hacia otra basculada suave y rápidamente.

■ Para realizar una parada, la cadera se lleva hacia atrás en un ángulo de 45°, reduciendo la zona del blanco en el cuerpo.

■ Para contraatacar con un puñetazo, las caderas giran hacia delante para llevar la potencia a través del cuerpo a un puñetazo.

Equilibrio y coordinación

Un buen equilibrio y coordinación forman los principios básicos del kárate porque son la base de la aplicación de todas las técnicas.

Mantenimiento del equilibrio

El equilibrio es el estado mantenido por el cuerpo, ya sea mientras realice una patada o durante una posición estacionaria. La coordinación y la sincronización de los movimientos, junto con la respiración correcta, la con-

centración y un firme centro de gravedad se combinan para proporcionar un buen equilibrio mientras se mueva el cuerpo de una posición a otra.

Tense los músculos del bajo abdomen mientras mantiene el torso derecho y erguido. Cuanto más bajo sea el centro de gravedad, mayor será la estabilidad y el equilibrio. Cuando dé una patada, el talón del pie en que se apoya debe tocar firmemente el suelo. Si el pie está ligeramente levantado cuando dé la patada, fallará el equilibrio.

SALTAR SOBRE UNA VARA ES UN BUEN EJERCICIO DE EQUILIBRIO Y REFLEJOS, ELEMENTOS CRÍTICOS CUANDO SE REALIZA UNA TÉCNICA EN EL AIRE.

⇧ Cuando se mueva hacia delante o hacia atrás, asegúrese de mantener los músculos abdominales tensados. El escaso equilibrio lleva a una mala coordinación y también reduce la potencia en la actuación.

⇧ Incluso con el limitado equilibrio de un solo pie en el suelo, la energía se concentra en el centro del cuerpo, con todo el peso de éste descansando en un solo pie.

Hara

En las artes marciales tradicionales, *hara* es el término japonés para la parte inferior del abdomen, considerado generalmente la «sede de la vida». Combina el cuerpo y la mente y promueve el desarrollo del espíritu y la personalidad. Es la esencia espiritual responsable de mantener la calma, ejercitar el autocontrol e incrementar la conciencia.

Ki (Fuente de vida)

El *karateka* puede aprender y desarrollar habilidades técnicas, pero éstas no serán necesariamente efectivas si se acobarda fácilmente, si está estresado o carece de seguridad en sí mismo. El espíritu es así una parte integrante del kárate. Los japoneses llaman a este aspecto central el *ki*, que deriva de la palabra china *ch'i*, que significa la energía de todos los seres vivos.

El «centro físico» de esta fuerza se dice que está situado a cinco centímetros detrás y debajo del ombligo. El desarrollo del *hara* o *ki* está vinculado a la práctica de la respiración abdominal profunda.

Kiai (Grito para liberar energía) ⇨

La palabra *kiai* está compuesta por *ki* (energía interna) y *ai* (unión), que significa la «unión de la energía». *Kiai* es el uso consciente de una técnica que la mayoría de nosotros ha usado en un momento u otro: como el gruñido pronunciado cuando se sirve una pelota de tenis o cuando se empuja un objeto sumamente pesado. El sonido en realidad comienza en el *hara*. Tensar los músculos del bajo abdomen mientras se exhala bruscamente provoca el *kiai*.

Este grito enérgico se realiza normalmente mientras se concentra en la técnica.

- El *kiai* sobresalta al oponente, ya que rompe su concentración, y afecta la respuesta y la actuación.
- Acentúa el rendimiento del cuerpo porque el exhalar tensa los músculos del estómago, lo que le permite absorber o amortiguar un golpe del oponente.

Kime (Concentración)

La definición de *kime* en kárate es la concentración de la energía del cuerpo en un movimiento explosivo hacia la zona específica del blanco, usando la técnica adecuada con la máxima potencia y velocidad. Los músculos relajados se tensan inmediatamente en el momento del impacto. El *kime* dura una fracción de segundo y exige fuerza física y coordinación mental.

LA FUERZA CONCENTRADA QUE AYUDA A FORTALECER LOS MÚSCULOS DEL ESTÓMAGO DESARROLLA UN *KIAI* NATURAL.

La respiración

La respiración es la fuente de vida. Entrenar el cuerpo para respirar correctamente enseña a los músculos a trabajar juntos, asegurando que el diafragma y los músculos abdominales llevan aire a los pulmones. No todas las artes marciales siguen las mismas prácticas.

LOS EJERCICIOS RESPIRATORIOS QUE SE REALIZAN CORRECTAMENTE AYUDAN A RELAJAR LOS MÚSCULOS DEL CUERPO ANTES DEL ENTRENAMIENTO.

La respiración correcta

La respiración correcta ayuda a:

- Relajar el cuerpo.
- Aliviar la tensión.
- Calmar la mente.
- Facilitar la ejecución de las técnicas.
- Facilitar la alineación de la columna.
- Establecer una corriente de comunicación entre la mente y el cuerpo.
- Aumentar tanto la eficiencia respiratoria como la actividad del metabolismo.
- Estimular el bienestar espiritual.

Ejercicios de respiración

Inhale a través de la nariz o la boca y exhale a través de la boca, lenta y uniformemente y con control. Use los músculos del diafragma y el estómago (respiración abdominal profunda) para llevar aire a los pulmones. Cuando inhale, permita que el abdomen se expanda hacia abajo y hacia fuera, llevando aire a la base de los pulmones. Permanezca relajado y no permita que los hombros o el pecho se eleven. La exhalación debería sentirse como una liberación de tensión.

UN EJERCICIO RESPIRATORIO FRECUENTE IMPLICA LA RESPIRACIÓN PROFUNDA MIENTRAS ESTÁ SENTADO EN UNA POSICIÓN RELAJADA Y ERGUIDA. CON LAS PIERNAS CRUZADAS AL ESTILO TRADICIONAL DEL YOGA Y LAS MANOS RELAJADAS QUE DESCANSAN EN LA CARA INTERNA DE LOS MUSLOS.

Entrenamiento con saco y manoplas ⇩

El realizar puñetazos, ataques y patadas contra un saco de boxeo pesado o contra almohadillas en las manos del compañero de entrenamiento le permite lanzar técnicas con una potencia máxima y una meta controlada. Este entrenamiento también acondiciona el cuerpo para soportar el impacto de golpes duros. Sin embargo, cuando inicie el entrenamiento con el saco, golpee ligeramente para evitar dañar sus manos y muñecas.

Cuando esté golpeando el saco con fuerza, asegúrese de tener la mano y la muñeca en la posición correcta. El impacto en la muñeca —que puede entonces provocar que se doble involuntariamente— puede llevar a una lesión seria. Naturalmente, por tanto, el entrenamiento con el saco no es una técnica de entrenamiento recomendada para niños pequeños, porque sus huesos y articulaciones pueden no estar lo suficientemente desarrollados para absorber tan altos niveles de impacto.

El entrenamiento con las manoplas para las manos es excelente en las competiciones, porque le permite a su compañero de entrenamiento moverse mientras usted le da puñetazos a las manoplas. Esto le da a usted la oportunidad de coordinar los movimientos de la mano y el pie y aumenta sus reflejos.

Entrenamiento con pesas

El entrenamiento con pesas (también llamado entrenamiento de la resistencia) usa varias pesas para entrenar grupos específicos de músculos para aumentar y mejorar la fuerza física en los brazos y piernas. La razón principal para esto es que los músculos del cuerpo sólo mejorarán de tamaño y fuerza si las exigencias que recaen sobre ellos aumentan de cuando en cuando y se ejercitan los músculos al máximo.

Un músculo fuerte puede soportar el estrés sin desgarrarse. Por otro lado, si no se usa un músculo, se vuelve más pequeño y débil. El entrenamiento con pesas puede también mejorar la velocidad a la que los movimientos se realizan e incrementa la coordinación. Sin embargo, asegúrese de ejercitar la precaución —particularmente en las primeras etapas de entrenamiento— y aplique el principio de la resistencia progresiva: los músculos necesitan adaptarse gradualmente al incremento de las exigencias.

La potencia

La potencia es la habilidad de aplicar fuerza y superar la resistencia. Su desarrollo es indispensable para el éxito en la realización del kárate deportivo.

■ **La fuerza explosiva** es la habilidad de gastar energía en un acto explosivo (puñetazo o patada).

■ **La fuerza dinámica** es la fuerza de los músculos utilizada para mover o apoyar la masa del cuerpo reiteradamente en un periodo de tiempo determinado. Esto es importante en los esfuerzos muy intensos de entre 30 segundos y tres minutos.

USAR PESAS CUANDO SE PRACTICAN LOS PUÑETAZOS AYUDA AL DESARROLLO DE LOS MÚSCULOS DE LAS MANOS Y DE LOS HOMBROS.

LA FUERZA MUSCULAR ES UN FACTOR CLAVE EN CIERTOS MOVIMIENTOS, COMO LAS PATADAS FULMINANTES Y LOS SALTOS EN EL AIRE.

KATA Y KUMITE

Para el espectador, los diferentes *katas* (ejercicios formales) se parecen a las danzas rítmicas. Para el *karateka*, cada *kata* es una secuencia diferente de movimientos estilizados y técnicas controladas realizadas según un modelo fijado donde el participante lucha contra dos o más oponentes imaginarios.

El propósito de los *kata*

Sin *katas*, el kárate sería sólo otro medio de lucha. Los *katas* enseñan una forma estilizada de lucha. Sólo una persona entrenada en las artes marciales —y el kárate en particular— puede realizar un *kata*, una secuencia de movimientos caracterizados por la efectividad y la eficiencia.

Para realizar las muchas variantes de *kata* con éxito se requiere un arduo entrenamiento y disciplina. El *kata* es la esencia del kárate y un elemento importante en el entrenamiento de otras artes marciales.

El simbolismo del *kata*

El *kata* está vinculado directamente con los diferentes elementos.

- El *karateka* de tierra es inalterable, arraigado en la creación, que realiza los *katas* con fuerza e intensidad.
- El *karateka* de aire se mueve con gracia, potencia y una facilidad serena.
- El *karateka* de fuego es apasionado y respira luz y vida en la realización de los *katas*, que irradia una energía cálida y genuina.
- El *karateka* de agua es natural, con un movimiento que fluye armoniosamente.

El sistema de niveles

La realización de los *katas* es parte del sistema de niveles. Aunque no es un prerrequisito para los niveles de principiante, los niveles intermedios y avanzados se miden por la realización de sus respectivos *katas*.

Es fascinante ver los diferentes *katas* en los campeonatos. Una emoción intensa y un sentido de anticipación impregnan el aire a medida que los contendientes salen a la pista —la energía y la determinación presentes en sus caras— para mostrar una actuación que refleje su preparación y habilidad junto con su gracia y agilidad.

Los criterios de los jueces

En los torneos de *kata*, se juzga la actuación de los participantes basándose en:

- Una demostración realista del significado del *kata*.
- Una comprensión de las técnicas utilizadas (*bunkai*)
- La coordinación, el ritmo, la velocidad, el equilibrio y la concentración (*kime*).
- El uso correcto de la respiración como ayuda al *kime*.
- La atención (*chakugan*) y la concentración.
- Las posiciones correctas (*dachi*) con una adecuada tensión en las piernas y con los pies planos en el suelo.
- Una adecuada tensión en el abdomen (*hara*) y caderas equilibradas; las caderas no deberían oscilar arriba y abajo.
- La forma correcta (*kihon*) del estilo que se está mostrando.
- La actitud y el aura.
- En el *kata* en equipo (al unísono), la sincronización no debería depender de señales externas.

El elemento espiritual

En un nivel espiritual, el entrenamiento de *katas* no sólo conecta al karateka con el yo interior, sino que también sirve para unir mente y movimiento.

JEFFREY JACKSON (A LA DERECHA), CAMPEÓN NACIONAL SUDAFRICANO SUMAMENTE ACLAMADO, SE ENTRENA CON SHANE LUCAS, CAMPEÓN PROVINCIAL, DURANTE UN ENTRENAMIENTO EN LA PLAYA.

El *kata* del principiante: *empi-kata*

El *empi-kata* es un kihon en forma de *kata*, que utiliza el codo como arma.

A-C Desde la posición de *yoi*, ponga su punto de mira a la derecha, suba el brazo y mueva su pierna derecha hasta formar la posición *kiba-dachi* mientras golpea con el codo.

D-E Dirija su punto de mira a la izquierda y dé un paso con su pierna derecha, juntando ambos pies con las rodillas flexionadas. Suba el brazo izquierdo y dé un paso hacia la posición *kiba-dachi* con la pierna izquierda, mientras usa el codo para golpear.

F-H Coloque su mano izquierda hacia atrás y cubra su cuerpo con el codo derecho. Sobre la pierna derecha, dé un paso adelante con la izquierda y golpee la mandíbula con el codo izquierdo. Repita con la pierna y codo derechos.

I-J Dé un paso a la izquierda con la pierna izquierda, y use el codo izquierdo para golpear debajo de la mandíbula. Mueva la pierna derecha en dirección contraria y golpee con el codo derecho hacia arriba, mientras mira sobre el hombro izquierdo.

K-M Cubra su cuerpo con el codo izquierdo; lleve su pierna derecha y coloque el pie por encima del tobillo izquierdo. Dé un paso hacia atrás con la pierna derecha y golpee con el codo derecho. Con el pie derecho delante, gire en dirección contraria y golpee con su codo izquierdo.

N-P Dé un paso con la pierna izquierda mientras golpea la sien del atacante con el codo derecho. Suba el brazo derecho y ataque la espalda del atacante.

Q-R Gire en dirección contraria a la de las agujas del reloj sobre la pierna izquierda con el pie derecho por encima del tobillo izquierdo. Extienda los brazos y dé un paso atrás con la pierna derecha: golpee hacia atrás con los codos.

S-U En una posición adelantada con los codos alineados bajo la mandíbula, súbalos y golpee hacia abajo con ellos.

V-Y Manteniendo los codos en esta posición, dé un paso adelante con la pierna derecha. Dé un paso adelante con la pierna izquierda, manteniendo el pie izquierdo justo por encima del tobillo derecho mientras cruza un brazo por encima del otro. Cambie a la posición de Kiba-dachi con la pierna izquierda mientras golpea con ambos codos a los lados. Vuelva a la posición de yoi del principio.

Comprender el *kumite*

A diferencia del *kata*, el *kumite* (combate) implica la participación de un oponente real en un encuentro de entrenamiento libre. El *kumite* requiere fuerza física y aumenta la fuerza tanto física como espiritual.

Para el principiante, el *kumite* no debería tratarse de una serie de ataques y defensas al azar, sino de actuaciones previamente preparadas (preferentemente para el recuento del *Sensei*) para asegurar que las técnicas se realizan con entendimiento y precisión.

Kumite para niveles intermedios

Para los niveles intermedios, se puede introducir el entrenamiento semilibre. Éste permite el movimiento espontáneo, sin indicaciones del *Sensei*. Se introducen varias técnicas combinadas: por ejemplo, una patada circular a la cabeza, seguida por un golpe hacia atrás con el puño al lado de la cara del oponente, y se acaba con un puñetazo hacia el cuerpo.

Los alumnos avanzados practican el entrenamiento de estilo libre. Aquí el cuerpo está en continuo movimiento, defendiendo y atacando o contraatacando.

La práctica del *kumite*

El *kumite* ayuda a desarrollar las habilidades:

- Incrementa la habilidad de medir las distancias de combate correctas.
- Estimula la buena actitud y forma.
- Desarrolla un espíritu fuerte y el *kiai*.
- Ejercita la habilidad para escoger la oportunidad, el movimiento y el control.

El *kumite* no sólo trata de dominar la habilidad de controlar una patada o golpe potencialmente letal para vencer a un oponente; también fomenta la dignidad, el valor, la fuerza del carácter y el autocontrol.

PARA ENTRENARSE CON UN COMPAÑERO DE FORMA ADECUADA, NECESITARÁ DOMINAR TANTO LOS MOVIMIENTOS DE ATAQUE COMO LOS DE DEFENSA.

Entrenamiento con un compañero

El entrenamiento le enseña a desarrollar su facultad de observación. Estar alerta le permite anticipar e identificar el modelo de ataque y defensa, con usted de atacante y su compañero de defensor.

⇧ Una patada circular hacia atrás (*ushiro-mawashi-geri*) se ejecuta contra un oponente (A).

⇧ El oponente intenta parar el golpe (B) con una patada hacia atrás con la planta del pie (*ushiro-geri-kekomi*).

⇧ Una patada hacia atrás con la planta del pie (*ushiro-geri-kekomi*) se lanza (A) contra un oponente.

⇧ El oponente puede responder con una patada circular (*mawashi-geri*) a la cabeza (B).

EL KÁRATE
DEPORTIVO

lgunas escuelas de kárate no promueven el kárate como un deporte competitivo, porque piensan que sólo debería practicarse de un modo controlado, de acuerdo con la antigua filosofía oriental.

El kárate de competición

Recientemente, el *karateka* ha reconocido el deporte del kárate como una oportunidad para conseguir nuevos desafíos y medir el éxito. El kárate deportivo ha crecido en popularidad y ha sido el instrumento de la promoción y *marketing* de este deporte en todo el mundo.

La competición ofrece la emoción de escalar hasta la cima y pretender el premio de la victoria. No hay motivo por el que el kárate, cuando se practica como deporte, no retenga los valores tradicionales de *budo*

(el camino del guerrero) cuando se le incorpora el reto de la sana competición. Los principios fundamentales de respeto hacia otros, de manera noble, de conducta virtuosa y de autocontrol simplemente se trasladan a la pista de la competición.

Los competidores de éxito comparten la emoción del logro con su *Sensei* así como también con los directivos implicados en la preparación de la competición y que hacen de jueces.

Para los que practican el kárate de competición:

- Es el terreno de reunión de atletas compañeros.
- Es el terreno de aprendizaje para los atletas compañeros.
- Desarrolla el carácter.
- Anima a la realización personal.
- Anima al espíritu de equipo.
- Es el «lugar de una pasión compartida».

LOS PARTICIPANTES Y ENTUSIASTAS DEL DEPORTE PUEDEN, CON DEDICACIÓN Y PERSEVERANCIA, PROGRESAR EN LA COMPETICIÓN INTERNACIONAL.

LOS CAMPEONATOS OFRECEN OPORTUNIDADES ÚNICAS PARA COMPETIR EN LAS PISTAS INTERNACIONALES.

La Federación Mundial de Kárate

En 1960, se estableció un organismo internacional bajo el nombre de Unión Mundial de Organizaciones de Kárate (WUKO). El 6 de junio de 1985, la WUKO estaba reconocida oficialmente por el Comité Olímpico Internacional (COI). Cuatro años después, la WUKO tenía 120 miembros internacionales, 90 oficialmente reconocidos por el COI.

En 1993, se formó la Federation Mondiale de Karate (FMK/WKF) en Argelia y se convirtió en el nuevo organismo oficial del kárate, absorbiendo a la WUKO. Aunque la organización continúa luchando por estar representada en los Juegos Olímpicos, las posibilidades de éxito para los Juegos de Atenas del 2004 son escasas.

La WKF unifica a muchos de los *karatekas* de todo el mundo que practican el kárate deportivo o el kárate tradicional y promueve los vínculos de amistad entre los atletas de todo el mundo. Coordina las actividades relacionadas con el kárate por todo el mundo, establece normas técnicas u operativas y organiza y controla los encuentros internacionales.

Dado que el organismo está cualificado para organizar torneos, la WKF tiene los derechos exclusivos sobre los campeonatos mundiales de kárate.

También puede organizar otras competiciones internacionales, que incluyen a los eventos de kárate tradicional, y determina las condiciones de elegibilidad aplicable a los participantes. Hoy día, la WKF tiene 156 países miembros, divididos en cinco uniones continentales:

- La Federación de Kárate Europea (EFK).
- La Federación de Kárate Panamericana (PKF).
- La Federación de la Unión de Kárate Africana (UFAK).
- La Federación de Kárate de Asia (AKF).
- La Federación de Kárate de Oceanía (OKF).

El comité directivo de la WKF está formado por 21 personas y un comité ejecutivo de siete representantes. El presidente tiene un periodo de seis años de presidencia, mientras que los demás representantes mantienen el cargo durante cuatro años.

Los primeros campeonatos mundiales bajo los auspicios de la WUKO se celebraron en Tokio, Japón, en 1970, con 33 países representados y 178 atletas que participaban en el acontecimiento.

La Copa Internacional Femenina, que se celebra en Francia, y los Campeonatos Internacionales Femeninos, que se celebran en Japón, están ambos aprobados por la WKF. A los ganadores de los campeonatos continentales y a los ochos primeros puestos en los Campeonatos Mundiales se les invita a asistir a los Juegos Mundiales, aprobados por el COI.

La puntuación en la competición

La puntuación en un combate competitivo —ya sea un punto (*ippon*), dos puntos (*nihon*) o tres puntos (*sanbon*)— se determina por la realización de una técnica de manera correcta, seguida de una técnica de puntuación.

⇧ Un simple puñetazo al cuerpo puntuará sólo un punto (*ippon*) a menos que le siga una técnica de puntuación.

⇧ El *sanbon* (tres puntos) se otorga por una patada *jodan* hacia la cabeza del oponente.

⇧ El *sanbon* se otorga por derribar con la pierna al oponente en la alfombra, seguida por una técnica de puntuación.

⇧ A un derribo le puede seguir un puñetazo al cuerpo del oponente que se ha derribado.

Los torneos

Hay tres tipos principales de torneos en el kárate deportivo:

- De no contacto.
- De semicontacto.
- De contacto total.

El kárate sin contacto

- En el kárate sin contacto, no se permite bajo ninguna circunstancia el contacto con la cara y el cuerpo.

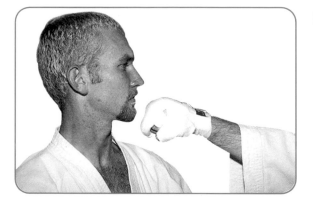

El kárate de semicontacto

- No se permiten los golpes de mano o codo al cuello, la espalda y la cabeza.
- No se permiten las patadas o golpes al pecho o las ingles.
- Se permiten los puñetazos de semicontacto al cuerpo.
- Se permiten las patadas de semicontacto a la cabeza y el cuerpo.
- No se permiten las patadas a las piernas.

El kárate de contacto total

- No se permiten los golpes de mano o codo al cuello, espalda y cabeza.
- No se permiten las patadas o golpes al pecho o las ingles.
- Se permiten los puñetazos y los golpes de codo al cuerpo.
- Se permiten las patadas a la cabeza, cuerpo y piernas, así como los derribos contra las piernas.
- Los luchadores pueden agarrar sólo el hombro o

arriba: EL KÁRATE SIN CONTACTO PERMITE EL NO ENTRAR EN CONTACTO CON EL OPONENTE.

abajo: EN EL KÁRATE DE CONTACTO COMPLETO, SE PERMITE QUE LOS PUÑETAZOS Y LOS GOLPES ENTREN EN CONTACTO CON EL CUERPO DEL OPONENTE.

la nuca del oponente cuando realicen patadas a las rodillas, o técnicas de derribo o lanzamiento, pero entonces debe soltar a su oponente inmediatamente después de que se haya realizado el movimiento.

Divisiones del WKF

Las reglas pueden variar según el torneo, pero si el torneo está afiliado a la WKF, se aceptan únicamente las reglas de la federación. Los campeonatos se dividen en varias divisiones de la WKF:

- *Kata* individual.
- *Kata* en equipo (que comprende el *kata* realizado por tres hombres o tres mujeres al unísono).
- *Kumite* individual.
- *Kumite* en equipo (los equipos masculinos consisten en siete miembros, de los cuales cinco compiten en un círculo; los equipos femeninos consisten en cinco miembros, tres de los cuales compiten en un círculo).

En un evento de equipo, el entrenador debe identificar las fuerzas particulares de cada uno de los participantes y de colocarlos estratégicamente en un orden de actuación.

LOS DERRIBOS CON LA PIERNA ELEVADA CUIDADOSAMENTE CONTROLADA SON ACEPTABLES EN EL KÁRATE DE CONTACTO TOTAL.

EN LOS TORNEOS DE SEMICONTACTO, SE PERMITEN LOS PUÑETAZOS CONTROLADOS DE SEMICONTACTO CONTRA EL CUERPO.

Las reglas de la competición

En la competición de *kata* y de *kumite*, la pista de combate mide ocho metros de lado y debe ser plana y estar vacía. El grupo de expertos para cada encuentro de *kumite* consiste en un árbitro, dos jueces y un mediador. Se encuentran también presentes varios cronometradores y personas que registran los puntos.

La duración de un combate de *kumite* es de tres minutos para hombres senior y de dos minutos para mujeres. Los árbitros y jueces ocupan sus posiciones reglamentarias en la alfombra. Después del intercambio de saludos entre los competidores, el árbitro anuncia «*shobu hajime*» y entonces empieza el combate. Cuando puntúa cualquiera de los competidores, el árbitro grita «*yame*» y les ordena que vuelvan a las líneas de comienzo mientras él vuelve a la suya. Se otorga el punto y la lucha se reanuda. Cuando un competidor ha establecido una clara ventaja de ocho puntos durante un combate, el árbitro de nuevo dice «*yame*» y los

competidores vuelven a sus líneas. Se declara al vencedor y el árbitro, en pie entre los dos participantes, indica al ganador levantando la mano más cercana al vencedor, declarando «*shiro* (cinturón blanco, u ocasionalmente azul) o *aka* (cinturón rojo) no *kachi*».

Es importante que los competidores permanezcan alerta incluso después de la llamada de *yame*. Un participante puede no haberla oído por el ruido del ambiente que inevitablemente acompaña a los torneos, o como resultado de una profunda concentración que excluye la actividad fuera de la lucha. Si un competidor no ha oído la llamada, podría causar una patada o golpe inesperado que podría coger al competidor por sorpresa y sin estar preparado para más ataques. Esto, a su vez, podría ocasionar una grave lesión en el desprevenido competidor.

Ningún competidor debería, por tanto, permitir que su concentración decaiga hasta que esté totalmente seguro de que la lucha ha acabado oficialmente.

LOS CONTENDIENTES COMPITEN EN TATAMIS. LOS ÁRBITROS Y LOS JUECES ARBITRAN DESDE LOS BORDES.

CUANDO UN COMPETIDOR CAE AL SUELO DURANTE UN TORNEO, SE LE OTORGA PUNTUACIÓN SI ESE COMPETIDOR PUEDE EFECTIVAMENTE LANZAR UN ATAQUE A LA CABEZA DE SU OPONENTE, MOVIMIENTO QUE SE REALIZA MÁS FÁCILMENTE CON UN GOLPE RÁPIDO DEL PIE.

Vestimenta de competición

Los participantes deben llevar un *gi* de kárate blanco sin marcas, rayas ni ribetes. No se pueden llevar joyas ni cintas para el pelo y aunque se permite un discreto clip de pelo en los *katas*, los pasadores y las horquillas metálicas están prohibidos. A las mujeres se les permite llevar una camiseta blanca sin adornos debajo de las chaquetas de kárate. Se permiten las cajas protectoras y las espinilleras suaves, mientras que las guantillas y la protección para la boca son obligatorios. Los protectores para el empeine de la espinilla están prohibidos. No se les permite llevar gafas, pero sí lentes de contacto blandas. A las mujeres se les permite llevar equipo protector adicional autorizado, tales como almohadillas para el pecho.

Puntuación

Los jueces de los torneos otorgan tres puntos (*sanbon*), dos puntos (*nihon*) y un punto (*ippon*) con arreglo a:

- La forma.
- La conciencia (*zanshin*).
- La actitud deportiva.
- La aplicación.
- La habilidad para escoger la oportunidad.
- La distancia.

El *ippon* se otorga por el *chudan* (puñetazos contra el pecho y el estómago) o el *jodan* (contra la cabeza) y *uchi* (ataques).

El *sanbon* se otorga por las patadas *jodan* (a la cabeza) y por lanzar o derribar con la pierna al oponente sobre el *tatami*, seguida de una técnica de puntuación, como un puñetazo contra el cuerpo.

El *nihon* se otorga por las patadas chudan (contra el pecho y el estómago), puñetazos en la espalda y técnicas con la mano, haciéndo caer al oponente y puntuando.

El combate ha terminado con una puntuación igual o nula. La forma de las banderas indica un empate.

El combate

Los ataques se limitan a la cabeza, la cara, el cuello, el abdomen, el pecho, la espalda y los costados. El resultado de un combate se determina cuando un competidor obtiene una clara ventaja de ocho puntos, o cuando han pasado los tres minutos asignados y un competidor tiene una clara ventaja de puntos. Un competidor puede tener una decisión (*hantei*) contra ellos, un *hansoku* (descalificado por establecer un duro contacto), *shikkaku* (descalificado de un combate, torneo o competición) o un *kiken* (renuncia) puede imponerse al oponente.

Cuando un combate acaba con puntuaciones iguales o nulas, se decide el ganador por el voto de los árbitros. La decisión se basa en lo siguiente:

- La actitud.
- El espíritu de lucha.
- La fuerza.
- La táctica.
- La técnica.
- El competidor que inicia la mayoría de las acciones.

Conducta prohibida

Como en la mayoría de los deportes competitivos y especialmente en las artes marciales, la conducta de los competidores en la zona de competición está restringida y regulada. Ciertas técnicas y maniobras están prohibidas:

- Técnicas que realizan un contacto excesivo.
- Técnicas que hacen contacto con la garganta.
- Ataques a los brazos y piernas, las ingles, las articulaciones o el empeine.
- Ataques a la cara con técnicas con la mano abierta.
- Técnicas peligrosas de proyección que provocan una lesión.
- Ataques con la cabeza, las rodillas o los codos.
- Salidas reiteradas de la zona de competición.
- Ponerse en peligro uno mismo (conducta que expone al competidor a una lesión por el oponente).
- Técnicas que, por su naturaleza, no se pueden controlar y ponen en peligro la seguridad del oponente.
- Ataques peligrosos e incontrolados.
- Evitar el combate para impedir que el oponente puntúe.
- Hablar o incitar al oponente.
- No obedecer las órdenes del árbitro.
- Conducta grosera hacia los oficiales u otras infracciones contra el protocolo.
- Lucha cuerpo a cuerpo, forcejeo, empujón o agarre innecesarios sin intentar una técnica de golpeo.
- Agarrar o intentar derribar o abatir al oponente, sin realizar un ataque genuino, excepto cuando el oponente intenta agarrar o derribar primero.
- Derribar por donde se encuentra la zona fundamental, por encima del nivel de la cadera.

AUNQUE SE PERMITEN LOS MOVIMIENTOS TÉCNICOS, TALES COMO LA PATADA DESCENDENTE, Y SE VEN FRECUENTEMENTE EN COMPETICIONES, SON DIFÍCILES DE REALIZAR Y PODRÍAN CAUSAR UNA LESIÓN —Y GANAR PUNTOS— AL OPONENTE SI NO SE REALIZAN DE FORMA CONTROLADA.

Comprensión de los términos

Terminología de penalización

Keikoku	Advertencia con una sanción de *Ippon*
Hansoku-chui	Advertencia con una sanción de *Nihon*
Hansoku	Descalificación

Terminología usada en los campeonatos

Los siguientes términos se pueden aplicar a la puntuación y el arbitraje de torneos de kárate:

Ai-uchi	Técnicas de puntuación simultáneas		
Aka	Competidor de cinturón rojo en *kumite*	*Kansa*	Juez
Aka (shiro) ippon	Cinturón rojo (blanco) gana un punto	*Keikoku*	Advertencia con sanción de un punto
Aka (shiro) nihon	Cinturón rojo (blanco) gana dos puntos	*Kiken*	Renuncia
Aka (shiro) no kachi	Cinturón rojo (blanco) gana	*Mienai*	Señal dada por los jueces si no
Aka (shiro) sanbon	Cinturón rojo (blanco) gana tres puntos		están seguros de que la técnica haya alcanzado una zona que
Atoshi-baraku	Quedan 30 segundos		merezca puntuación
Chukoku	Primera advertencia de Categoría 1 o 2 sin sanción	*Moto-no-ichi*	Posición originaria
		Mubobi	Ponerse en peligro a uno mismo
Encho	Prórroga del tiempo del encuentro	*Nihon*	Dos puntos
Encho-sen	Extensión final de tiempo	*Otagai-ni-rei*	Saludo entre los competidores
Fukushin	Jueces	*Sanbon*	Tres puntos
Fukushin-shugo	Reunión de los jueces	*Shikkaku*	Descalificación de un combate y
Hajime	Comienzo		una competición por una infracción
Hansoku	Descalificación		de las reglas del kárate
Hansoku-chui	Advertencia con sanción de dos puntos	*Shiro*	Competidor de cinturón blanco
		Shobu Hajime	Comienzo del combate
Hantei	Decisión	*Shomen-ni-rei*	Saludo hacia delante
Hikiwake	Empate	*Shugo*	Llamada a los jueces
Ippon	Un punto	*Shushin*	Árbitros
Jikan	Tomar tiempo	*Torimasen*	Técnica de puntuación inaceptable
Jogai	Salida de la zona de combate	*Tsuzekete*	Continúa la lucha
Jogai-chui	Advertencia por abandonar la zona de combate	*Tsuzukete Hajime*	Se reanuda o comienza la lucha
		Yame	Paren

Elegir un entrenador

Mientras que los grados examinan los elementos esenciales del kárate, los torneos someten a estos elementos a la máxima prueba en un pabellón deportivo de competición. Aunque los distintos estilos tienen diferentes requisitos para los distintos niveles o grados, en los torneos donde compiten más de un estilo de kárate, se aplica solamente un conjunto de reglas.

Si desea participar en el kárate deportivo, es esencial que lo haga con la ayuda de un entrenador experto. Asegúrese de que su entrenador está muy familiarizado con el dominio técnico de todas las técnicas. Una relación abierta y honesta entre el entrenador y el atleta permite una comunicación profunda y significativa.

La responsabilidad de un programa de entrenamiento factible, donde ambas partes son participantes activos, debería ser compartida. Entrenándose para un campeonato, el entrenador guía al atleta para sobresalir en el kárate deportivo y es esencial que desarrollen un vínculo fuerte, basado en la confianza y el respeto mutuo. De este modo, el atleta honrará al entrenador y se dará cuenta de que el trabajo en equipo es un factor importante del éxito, especialmente en la competición.

El atleta:

- Confía en el entrenador.
- Participa voluntariamente.
- Se compromete.
- Es disciplinado para seguir el programa de entrenamiento.
- Es capaz técnicamente.
- Se entrena con seguridad en sí mismo.
- Comprende las reglas.
- Mantiene una buena forma física general.
- Desea alcanzar el éxito.

El entrenador:

- Tiene la profesionalidad técnica.
- Tiene un talento natural creativo.
- Anima y motiva.
- Es un estratega.
- Está familiarizado con las reglas de los torneos.
- Es un consejero, un guía, un amigo y un confidente.
- Se esfuerza por conseguir objetivos específicos.

UN ENTRENADOR NO DEBE ESTAR FAMILIARIZADO TAN SÓLO CON LOS ELEMENTOS TÉCNICOS DEL KÁRATE, SINO QUE TAMBIÉN DEBE CONSTRUIR UNA RELACIÓN ESTRECHA CON EL ESTUDIANTE PARA OFRECER CONSEJOS CONSTRUCTIVOS A NIVEL ESPIRITUAL.

Preparación para los torneos

Si decide dedicarse al kárate de competición, trate de obtener todas las fechas de los torneos de todo el año para planificar su programa de entrenamiento.

Entrenamiento básico

Un programa básico debería perfilarse —y seguirse— con atención a la buena forma física general y a la resistencia.

■ El kárate es un deporte anaeróbico (ida-parada, ida-pausa, ida-parada), por lo que correr 5 o 10 kilómetros es suficiente.

■ Un entrenamiento de un circuito regular de 30 minutos en el gimnasio debería también incrementar la buena forma física.

■ El entrenamiento de la potencia podría incluir una carrera veloz de 50 metros cuesta arriba, después de la cual se vuelve caminando a la línea de comienzo. Respire de manera constante. Esto podría hacerse al menos 10 veces en cada sesión de entrenamiento.

■ El entrenamiento para la potencia, la fuerza y la velocidad puede lograrse también trabajando con pesas en el gimnasio. Algunos atletas de kárate sobresalen en velocidad, mientras que otros no pueden ser tan rápidos. Para el atleta que no es particularmente veloz en la aplicación de una técnica, aprovechar la oportunidad es un elemento importante.

■ Previo a un evento, debe pasarse en el suelo del *dojo* una cantidad considerable de tiempo para la preparación de distintas técnicas. Mientras usted se prepara y acondiciona su cuerpo para actuar en un torneo, también debería afinar la mente para los retos y presiones que acompañan a la actuación en una competición. El pensar positivamente genera éxito.

Sugerencia de utilidad: Practique el arte de la visualización. Visualícese realizando técnicas combinadas y ganando el combate en el próximo campeonato. Esto genera energía positiva y ayuda a fijar el objetivo, un paso positivo adelante hacia el éxito.

EL ENTRENAMIENTO DEBERÍA INCLUIR EJERCICIOS QUE SE CONCENTREN EN LOS MÚSCULOS DE LAS EXTREMIDADES, MANOS Y PIES PARA ENTRENAR LAS FIBRAS MUSCULARES UTILIZADAS EN DEPORTES EXPLOSIVOS COMO EL KÁRATE, QUE INSISTE EN EL MOVIMIENTO DE BRAZOS Y PIERNAS.

El descanso

El descanso previo a un evento en un campeonato es muy importante y debería incorporarse en un periodo de tres a diez días. Esto significa que el atleta debe entrenarse durante combates de tres minutos cada vez, el mismo tiempo de actuación exigido el día de la competición. Dado que es importante mantener la intensidad de los entrenamientos, necesitará reducir el volumen de entrenamiento previo al torneo, porque en este punto de su régimen de entrenamiento, la calidad es más importante que la cantidad.

Consejo nutricional: Consuma hidratos de carbono tres días antes del torneo (pasta, pan, arroz integral y patatas). Una comida de carbohidratos o de líquidos ricos en carbohidratos como las bebidas energéticas proporcionarán suficiente resistencia para sostener al atleta durante la competición.

La nutrición

Durante el torneo, consuma bebidas energéticas (ricas en glucosa). Éstas tienen tres beneficios para el atleta de competición:

- Previenen la deshidratación.
- Mejoran la actuación manteniendo los niveles de glucosa en la sangre.
- Retrasan la fatiga cuando las reservas de glucógeno del músculo están bajas o se han agotado.

Después de la competición, trate de reponer los carbohidratos, incluidos los líquidos, el pan y la fruta.

Tiempo de recuperación

A diferencia de otros muchos deportes de competición, el kárate no está ligado a las estaciones, y los torneos de competición tienen lugar durante todo el año. Competir en demasiados torneos durante el curso de un año sin recargar las reservas del cuerpo con una alimentación adecuada y dejando un tiempo adecuado para recuperarse del estrés y las lesiones puede resultar sumamente exigente para el cuerpo de un atleta.

LOS ENTRENAMIENTOS DEBEN INCLUIR EJERCICIOS QUE AYUDEN A DESCANSAR EL CUERPO DESPUÉS DE UNA ACTIVIDAD INTENSA.

COMO EN TODOS LOS DEPORTES, UNA DIETA EQUILIBRADA DEBERÍA INCLUIR LA REPOSICIÓN DE CARBOHIDRATOS TALES COMO LA FRUTA.

Los luchadores

Los luchadores de kárate se clasifican en tres categorías diferentes: algunos son técnicos; otros, defensores o tácticos, y otros, atacantes.

Los técnicos

Los técnicos son atletas con buena coordinación que se mueven en el combate de forma natural y efectiva. Sus cuerpos están bien posicionados durante la lucha, sin ningún movimiento de las caderas a media altura. Realizan movimientos corporales rápidos hacia el lado, hacia delante y hacia atrás, y saltan y derriban bien. Estos luchadores que usan sus manos y piernas con seguridad en las combinaciones, realizan las diversas técnicas de kárate con facilidad.

Es a menudo difícil identificar el modelo de lucha de un técnico, ya que estos luchadores tienden a usar las manos y los pies de forma rápida y automática.

⇧ El Técnico (a la derecha) puede realizar combinaciones acertadas, que incluyen inevitablemente los saltos.

Los tácticos

Los tácticos (también conocidos como defensores) se concentran en movimientos basados en el uso de la pierna de atrás para obtener un resultado, aunque el lanzamiento de un puñetazo continúa siendo una maniobra muy popular. La habilidad de los tácticos para bloquear de forma efectiva cuenta a su favor. Los movimientos del cuerpo son directos y después de dar un puñetazo, se mueven hacia atrás con velocidad para escaparse de un posible golpe. Los tácticos se mueven con las caderas a baja altura y mantienen una vigilancia estrecha, esperando el momento adecuado para puntuar. Son los estrategas definitivos.

⇨ Las caderas a baja altura (a la derecha) son típicas de la posición de un defensor.

El oponente

Entrenarse contra diferentes tipos de luchadores —ya sean técnicos, tácticos o atacantes— tiene varios beneficios para el *karateka*:

- Establece un estilo de lucha personal.
- Ayuda a identificar el estilo del oponente en un torneo.
- Enseña al luchador a adaptarse y a ser versátil.

El vencedor

Para tener éxito, el *karateka*:

- Realiza técnicas con sentido práctico, creatividad, libertad y seguridad en sí mismo.
- Es ágil moviendo el cuerpo y siguiendo técnicas combinadas.
- Debe ser adaptable, flexible y estar en armonía consigo mismo.
- Debe tener un espíritu fuerte.
- Debe conocer cómo y cuándo proceder.

EL BARRIDO CON LA PIERNA (A) ES UNA TÉCNICA TÍPICA DEL ESTILO DE ATAQUE Y NORMALMENTE LE SIGUE UN PUÑETAZO O UNA PATADA PUNTUABLE DE IGUAL VELOCIDAD (B).

LA VELOCIDAD Y LA AGILIDAD SON ELEMENTOS IMPORTANTES EN LA DEFENSA CONTRA UN ATAQUE EN CUALQUIERA DE LOS TRES ESTILOS DE LUCHA.

Los atacantes

El estilo luchador de los atacantes se caracteriza por el hecho de que intentan conseguir puntos valiosos al principio del combate. Aunque a menudo tienden a ser luchadores emocionales, se les conoce por su fuerza y siguen su propia iniciativa.

El combate del atacante se inicia desde la pierna de delante con las caderas a una gran altura. Su defensa es abierta y el juego de piernas empuja hacia delante. Los atacantes sobresalen al realizar técnicas simples o combinadas, y tienen la agilidad física de mover el cuerpo en diferentes direcciones.

EL KÁRATE Y LA DEFENSA PERSONAL

El kárate es un método sumamente efectivo de defensa personal. La esencia del kárate establece una base firme para el entrenamiento de técnicas útiles de defensa personal. El *kata* enseña al *karateka* a concentrarse en el entrenamiento físico y mental y en la perfección de la técnica, mientras que la práctica del *kumite* enseña al *karateka* cómo aplicar un buen criterio y practicar el ataque y la defensa.

Las reglas se aplican a los torneos de kárate así como al entrenamiento en el *dojo*, mas para un ataque en la calle ¡no hay reglas! Dar una patada en la ingle de su oponente está estrictamente prohibido en un campeonato, y dar una patada en la ingle a su compañero *karateka* cuando se está entrenando en el *dojo* se considera irrespetuoso e indica una falta de control. Sin embargo, dar una patada a su atacante en la ingle cuando le atacan en la calle es una buena defensa personal. No se aplican reglas cuando la vida está en riesgo, ¡sólo la voluntad de sobrevivir!

Defensa personal práctica

La defensa personal práctica y efectiva incluye una serie de exigencias para la víctima potencial. Ésta exige:

- Un cambio mental.
- Fuerza mental y emocional.
- Forma física.
- Competencia.
- El compromiso de actuar con determinación.
- La necesidad de salir airoso.

Los ataques pueden ser de maneras diferentes. La realidad es que los ataques son a menudo brutales y temibles y una vulneración del espacio personal, pero no hace falta que se lleve a lo inimaginable. Seguro que la víctima será herida de un modo u otro, pero el truco es que permanezca centrada en el atacante, y no en cualquier herida que pueda sufrir.

Defensa personal efectiva

La defensa personal efectiva no se basa en técnicas complicadas y movimientos formales, sino en las reacciones sencillas. El kárate y la defensa personal en general entrenan al cuerpo para adoptar una posición de lucha, mantener una distancia adecuada con respecto al oponente y desarrollar un sentido de la oportunidad. No todas las personas siguen la práctica de un arte marcial como medio de defensa personal, pero un puñetazo efectivo al blanco correcto puede significar la diferencia entre la supervivencia y la derrota, y esto es precisamente lo que el kárate enseña desde el principio: un puñetazo recto (*choku zuki*) es un golpe con el puño en línea recta hacia un atacante imaginario.

El cambio mental

Uno de los factores más importantes para poder defenderse con éxito es la habilidad de realizar el cambio mental necesario que le permitirá ser asertivo y agresivamente defensivo. Esto se convierte en una tarea a menudo difícil para algunas mujeres, muchas de las cuales se ven condicionadas a ser sensibles y educadoras y son reacias a herir conscientemente a sus atacantes.

El entrenamiento del kárate enseña a la persona que lo practica:

- A entender las realidades del enfrentamiento.
- A ser fuerte cuando se enfrente con oponentes en la vida real.
- La importancia de recuperar la calma rápidamente cuando trata con situaciones de confrontación.
- Que las técnicas solas sólo son efectivas cuando se realizan con valor y convicción.
- ¡Que una parte del cambio mental incluye convertir una crisis en una oportunidad!

página siguiente: UNA VÍCTIMA POTENCIAL TERMINA CON UN GOLPE EN LA INGLE DE SU ATACANTE CON EL CODO.

Las zonas del cuerpo como blanco

Cuando le atacan, necesita concentrarse y averiguar qué parte sensible del cuerpo del atacante está al alcance para golpearla y qué parte del propio cuerpo se puede usar como arma. Por ejemplo:

- La zona de la cara, nariz, mandíbula, garganta, ojos, orejas y sienes.
- El lateral y parte posterior del cuello y el pelo.
- El plexo solar y las costillas.
- La ingle.
- La columna vertebral.
- Las rótulas, la espinilla y el puente del pie.
- El tendón de Aquiles.
- Los dedos y la parte superior de la mano.

Sin embargo, el hombre medio puede recibir un golpe, por lo que sería aconsejable lanzar un puñetazo, patada o una técnica con el codo a la cara o ingle. Recuerde que los atacantes pueden ser mujeres también.

Principales armas de defensa personal

El kárate le enseña que el cuerpo es un arma por derecho propio. Las manos, los dedos de las manos, los codos, las rodillas, los pies y la cabeza pueden ser herramientas en un momento crítico. Si, por alguna razón, su cuerpo se ve limitado en un ataque, intente improvisar y use elementos de su entorno inmediato para poder actuar.

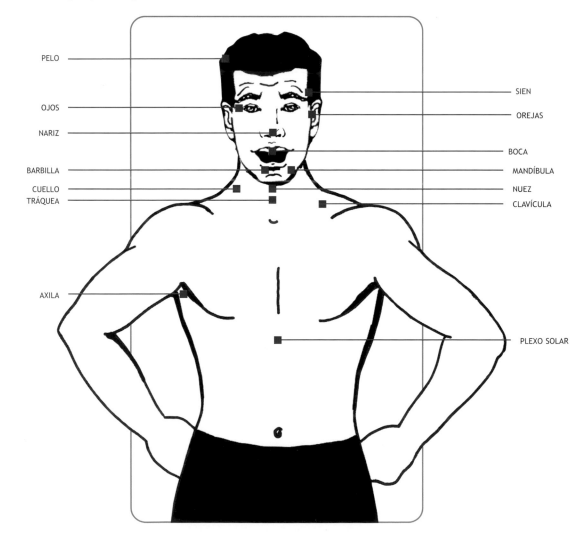

PELO
SIEN
OJOS
OREJAS
NARIZ
BOCA
BARBILLA
MANDÍBULA
CUELLO
NUEZ
TRÁQUEA
CLAVÍCULA
AXILA
PLEXO SOLAR

Realizar el compromiso

En su empeño por salir airoso necesita erradicar el miedo y el pánico tan rápidamente como sea posible, ya que éstos sólo sirven para inmovilizar.

En un ataque:

- Permanezca tan calmado como sea posible.
- Tenga la determinación de salir airoso.
- Confíe en las decisiones que ha tomado.
- Lleve a cabo las técnicas.
- No se rinda y permanezca comprometido con la lucha.
- Su intención deber ser hacer daño al agresor.
- Salga de la situación tan pronto como sea posible.

Si le empujan contra un árbol o un muro, intente no pensar que le han desarmado. Busque las ventajas que puede tener el poder utilizar el árbol o la pared a su favor, tales como mantener el equilibrio. Lance su propio ataque desde la que es una posición esencialmente estable y segura. Si el agresor está a su alcance, dirija sus patadas y puñetazos a zonas sensibles, tales como el cuello, la cara o la ingle.

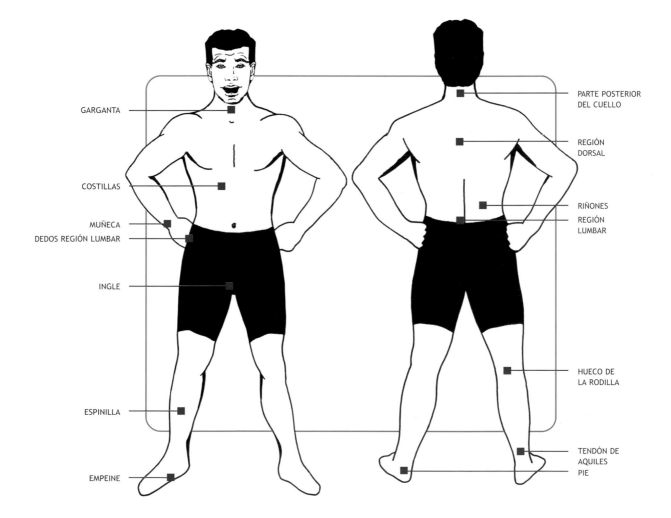

GARGANTA

COSTILLAS

MUÑECA

DEDOS REGIÓN LUMBAR

INGLE

ESPINILLA

EMPEINE

PARTE POSTERIOR DEL CUELLO

REGIÓN DORSAL

RIÑONES

REGIÓN LUMBAR

HUECO DE LA RODILLA

TENDÓN DE AQUILES

PIE

Ataque frontal

Si es posible, intente mover su propio cuerpo hacia una posición que facilite su defensa. Esto debería ayudar a que parte de la fuerza corporal del agresor se difunda al impactar y cree la distancia correcta necesaria para el contraataque.

El ataque

A El agresor intenta estrangularle por delante, envolviendo su cuello con ambas manos.

B Ahueque ambas manos, juntando los dedos y elevando los brazos de manera que las manos estén a la altura de los hombros. Usando ambas manos, golpee las orejas del agresor simultáneamente como si estuviera tocando unos platillos, lo que puede provocar que revienten los tímpanos.

C Agárrese bien a la ropa del agresor mientras da un golpe seco a la ingle con la rodilla. Agarrar la ropa le permitirá mantener el equilibrio y le ayudará a dirigir el movimiento de su rodilla al blanco.

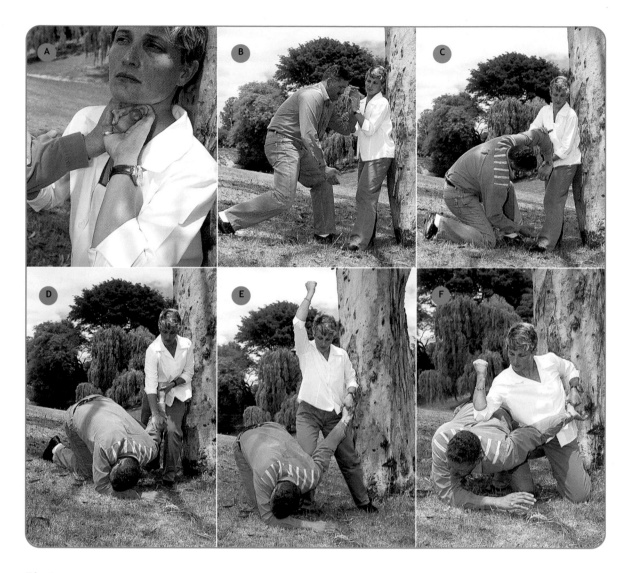

El ataque

El agresor agarra su garganta con una mano y le empuja contra un árbol o pared. Si su nariz, ojos, orejas, garganta o ingles están a su alcance, intente golpear cualquiera de estas zonas con tanta fuerza como pueda reunir.

A Si los brazos de su agresor son tan largos que no puede alcanzar su cara con facilidad y no puede dar una patada a las ingles, introduzca dos dedos entre el pulgar del agresor y la garganta.

B Agarre fuertemente su pulgar y dóblelo hacia atrás bruscamente con la intención de romperlo.

C Mientras la mano coge el pulgar, agarre el lado de su brazo con la otra mano, retorciendo su brazo en el sentido de las agujas del reloj de modo que lo arrastre a la espalda.

D Sujete el brazo del atacante recto en esta posición.

E-F Levante su propio brazo tan alto como sea posible y baje su codo con fuerza, usándolo como arma para golpear enérgicamente entre sus paletillas o incluso directamente contra su columna vertebral.

El éxito de esta técnica se basa en su empeño por empujar el pulgar del agresor hacia atrás con la intención de romperlo. Para que el codo sea efectivo, hay que doblar el brazo, dejando que el codo funcione como una arma efectiva con la que golpear la zona del blanco con la máxima potencia.

El ataque desde atrás

El ataque

A El agresor se aproxima desde atrás y agarra ambos brazos sujetándole en un abrazo de oso. Una opción es mover las caderas a un lado y golpear hacia atrás con el brazo o la mano la ingle del agresor o, alternativamente, agarrar la ingle y retorcer sus testículos con fuerza.

B Otra opción es ver dónde ha puesto su pie el agresor. Entonces eleve la rodilla muy alta.

C Dé un pisotón con fuerza en el pie del agresor con el talón de su pie. Él le soltará inevitablemente.

D Baje sus caderas mientras mueve las piernas hacia la posición del jinete o *kiba-dachi* (v. pág. 51) y haga un bloqueo hacia arriba con ambos brazos.

E Rápidamente termine con el codo y golpee cualquier zona de blanco en el cuerpo del agresor que pueda estar descubierta para ser atacada: cara, plexo solar o ingle.

F Si es necesario, intente mover su propio cuerpo de modo que pueda bajar la mano o el brazo para golpear la ingle del agresor.

G-H Mientras se dobla sobre sí mismo, rompa su nariz con la rodilla o golpee con el codo hacia abajo a la parte posterior de su cuello.

Ataque desde el lado
El ataque

A El agresor se agarra alrededor del cuello con un brazo y junta sus manos.

B Lance el brazo hacia arriba detrás de la espalda del agresor y por encima de su hombro. Coloque el dedo más fuerte entre su labio superior y su nariz. Empuje la mano hacia atrás con la suficiente dureza como para que él le suelte.

C Un blanco alternativo es la mandíbula. Enganche el pulgar bajo su mandíbula y con un empujón duro y concentrado, empuje su cabeza bruscamente hacia atrás. Dado que usted no está usando ambas manos en esta técnica, una mano podría golpear de forma efectiva la zona de las ingles.

La cara es un blanco muy sensible. Cuando realice esta técnica, podría también meter los dedos en los ojos o fosas nasales del agresor. Contrariamente a la percepción general que se tiene de que puede resultar efectivo empujar la mandíbula del agresor hacia atrás, los músculos de su cuello serán probablemente lo suficientemente fuertes para atacar contra esta maniobra.

Ataque sobre el suelo

⇩ El ataque

A El agresor está sobre sus rodillas a su lado e intenta dominarle. Una mano le agarra por el cuello.

B Eleve la pierna y engánchela alrededor de su cuello.

C Arrastre su cabeza hasta el suelo, mientras eleva el cuerpo hasta sentarse.

D Termine con la pierna elevada.

E Golpee hacia abajo con el talón del pie la nariz o la garganta del agresor. Si falla la patada, el agresor puede intentar agarrarle. Intente romper y retorcer sus dedos: el dolor será tan intenso que probablemente retrocederá.

⇧ El ataque

A Usted es atacado mientras está tumbado sobre su espalda o ha sido lanzado al suelo por un agresor.

B Coloque las piernas por dentro de los tobillos del agresor y enganche los pies alrededor de sus piernas.

C Con una acción fuerte y concentrada, separe los pies y empújelos hacia su propio pecho. Esto debería desequilibrar a su agresor y lanzarlo sobre su espalda.

D Eleve una pierna a gran altura y baje el talón del pie con fuerza sobre la ingle del agresor.

CONTACTOS

ASOCIACIONES DE KÁRATE INTERNACIONALES

FEDERACIÓN AMERICANA DE KÁRATE AMATEUR (AAKF)

- 1930 Wilshire Blvd, Suite 1208, Los Ángeles, CA 90057
- Tel.: (213) 483 8262
- Fax: (213) 483 4060
- E-mail: aakf@aakf.org

KÁRATE DE LA COLUMBIA BRITÁNICA (CÁNADA)

- 220-1367 West Broadway, Vancouver BC, V6H 4A9, Canadá
- Tel.: (604) 737 3051
- Fax: (604) 737 6043
- E-mail: info@karatebc.org

ASOCIACIÓN DE KÁRATE DE DINAMARCA

- Kasatnievej 20, DK-7470 Karup, Dinamarca
- Tel.: (45) 9710 2482
- Fax: (45) 9710 0330
- E-mail: jka@jka.dk

CONSEJO DE ADMINISTRACIÓN INGLÉS DE KÁRATE (EKGB)

- 53 Windmill Balk Lane, Doncaster, N. Yorks DN6 7SF, Reino Unido
- Tel.: (1302) 33 7645
- Fax: (1302) 33 7645
- E-mail: info@ekgb.org.uk

ASOCIACIÓN EUROPEA DE KÁRATE PROFESIONAL

- Apartado Correos 6061, 48080 Bilbao, España
- Tel.: (94) 441 6149
- E-mail: informacion@epka.org

FEDERACIÓN FRANCESA DE KÁRATE

- 122 Rue de la Tomobe, Issoire 75014, Paris, Francia
- Tel.: (1) 43 95 42 00
- Fax: (1) 45 43 89 84

ASOCIACIÓN ALEMANA DE KÁRATE

- Grabenstr. 37, 45964 Gladbeck, Alemania
- Tel.: (20) 4329 8800
- Fax: (20) 4329 8891

FEDERACIÓN HELÉNICA DE KÁRATE

- 149 Vizantiou Street, Kalogreza, Atenas 14235, Grecia
- Tel.: (1) 271 7564
- Fax: (1) 271 7563
- E-mail: karate@ath.forthnet.gr

ASOCIACIÓN INTERNACIONAL DE KÁRATE TRADICIONAL

- 5945 W. Irving Park Road, Chicago, IL 60634, EE.UU.
- E-mail: info@itka-karate.com

FEDERACIÓN ITALIANA DE KÁRATE

- 68-20137 Milán, Italia
- Tel.: (2) 5990 0103
- E-mail: segretaria@fikta.it

ASOCIACIÓN JAPONESA DE KÁRATE

- 2-23-15 Koraku Bunkyo-Ku, Tokio 112-0004, Japón
- Tel.: (3) 5800 3091/5
- Fax: (3) 5800 3100

FEDERACIÓN JAPONESA DE KÁRATE DO

- Nihon Zaidan Bldg 6F, 1-11-2 Toranomon, Minato-ku, Tokio, Japón
- Tel.: (3) 3503 6637
- Fax: (3) 3503 6638
- E-mail: jkf@blue.ocn.ne.jp

ASOCIACIÓN DE KÁRATE DE SUDÁFRICA

- 55 Von Willigh Crescent, Kuils River 7580, Cape Town, Sudáfrica
- Tel.: (21) 903 7537
- E-mail: lbeech@atc.wcape.school.za

KÁRATE NUEVA ZELANDA

- P.O. Box 1237, Whangarei, Nueva Zelanda
- Tel.: 0800 367 527
- E-mail: bob@karatenz.co.nz

ASOCIACIÓN DE KÁRATE DE AUSTRALIA

- 18 Odalberree Drive, Uranga, NSW 2455, Australia
- Tel.: (02) 6655 5320
- E-mail: sfilet@midcoast.com.au

ASOCIACIÓN DE KÁRATE DE GRAN BRETAÑA

- P.O. Box 3, Wirral L43 6XX, Reino Unido
- Tel.: (151) 652 1208

ASOCIACIÓN DE KÁRATE DE IRLANDA DEL NORTE

- 3rd Floor, 35 College Street, Belfast BT1 6BU, Irlanda
- Tel.: (1232) 61 6453

CONSEJO ESCOCÉS DE KÁRATE

- 2 Strathdee Road, Netherlee, Glasgow G44 3TJ, Escocia
- Tel.: (141) 633 1116

FEDERACIÓN ESPAÑOLA DE KÁRATE

- C/ Princesa 22, 28008 Madrid, España
- Tel.: (91) 542 4625
- Tel.: (91) 542 4913
- E-mail: fek@arrakis.es

UNIÓN DE FEDERACIONES AFRICANAS DE KÁRATE (UFAK)

- P.O. Box 324, Bruma 2026, Sudáfrica
- Tel.: (11) 6431 414
- Fax: (11) 643 1440
- E-mail: iabdulla@netactive.co.za

FEDERACIÓN DE KÁRATE DE EE.UU.

- 1300 Kenmore Blvd, Akron, Ohio 44314, EE.UU.
- Tel.: (330) 753 3114
- Fax: (330) 753 6967
- E-mail: usakf@raex.com

FEDERACIÓN GALESA DE KÁRATE

- Maes Hyfryd, Llanrug, Caernarfon, Gwynedd, LL55 4BE, Reino Unido
- Tel.: (1286) 67 1912
- E-mail: gwyn@wtkf.co.uk

FEDERACIÓN MUNDIAL DE KÁRATE

- 122 Rue de la Tomobe, Issoire 75014, Paris, Francia
- Tel.: (1) 43 95 42 00
- Fax: (1) 45 43 89 84
- E-mail: secretariat@wkf.net

UNIÓN MUNDIAL DE ORGANIZACIONES DE KÁRATE

- Senpaku Sinko Building, 1-15-16 Toranoman, Minato-ku, Tokio 105, Japón
- Tel.: (3) 503 6638

GLOSARIO

Age-uke	Parada alta
Ashi-barai	Barrido de pies (tobillos)
Bu	Marcial
Budo	Camino marcial
Bunkai	Aplicaciones de kata
Bushido	El camino del guerrero (código ético)
Chudan	Nivel medio (el estómago)
Choku-tsuki	Golpe recto con el puño
Dan	Grado de cinturón negro
Dojo	Sala de entrenamiento o «lugar del camino»
Empi	Codo
Empi-uchi	Golpe con el codo
Fumikini	Parada cortante
Fumikomi	Pisotón (aplastando el pie)
Fumitsuki	Golpear con los pies
Gasshuku	Campo de entrenamiento especial conducido a menudo al aire libre
Gedan	Nivel inferior (la ingle)
Gedan-barai	Parada baja
-Geri	Patada (combinaciones)
Gi	Vestimenta de entrenamiento
Go	Duro
Godan	Quinto dan
Gyaku-tsuki	Golpe directo con brazo y pierna opuesta
Hai	Sí
Haito	Borde interno de la mano
Haito-uchi	Golpe con el borde interno de la mano
Hara	El centro espiritual situado en la zona abdominal. La fuente de *ki*.
Hiraken	Puño de nudillos medios.
Honbu	*Dojo* o sede principal
Ippon-shobu	Combate de punto total
Jiyu-ippon kumite	Entrenamiento semilibre de un paso
Jodan	Nivel superior (la cara)
Jodan-tsuki	Puñetazo a la zona de la cabeza
Ka	Persona o practicante
Kakato-geri	Patada con el talón
Kamae	Posición de combate; en guardia
Karate	Mano vacía
Kata	Secuencia fija de ejercicios de entrenamiento que incorpora aspectos de ataque y defensa y toma la forma de lucha contra varios oponentes imaginarios
Keage	Patada ascendente
Kebanashi	Parada pujante o penetrante
Kekomi	Patada penetrante
Ki	Espíritu, energía interior o fuerza vital
Kiai	Grito enérgico
Kiba-dachi	Posición del jinete
Kihon	Las técnicas básicas de entrenamiento y lucha
Kime	Concentración
Kokutsu-dachi	Posición atrasada
Kumite	Entrenamiento
Kyu	Grado más bajo, categoría por debajo del cinturón negro
Yondan	Cuarto dan
Mae-geri	Patada frontal
Mae-geri-kekomi	Patada frontal penetrante
Makiwara	Tabla de entrenamiento acolchada para patadas y puñetazos.
Mawashi-geri	Patada circular
Mawashi-tsuki	Puñetazo circular
Mawate	Giro
Nage-waza	Técnicas de lanzamiento
Nidan	Segundo dan
Nidan-geri	Doble patada
Nukite	Mano de lanza
Obi	Cinturón
Oi-tsuki	Puñetazo de estocada; puñetazo dando un paso
Osu	«Sí, entiendo»
Rei	Orden de saludar
Ren-tsuki	Puñetazo combinado
Sandan	Tercer dan
Satori	Iluminación, conocimiento máximo
Seiken	Parte anterior del puño
Sempai	Senior
Sensei	Profesor
Shihan	Maestro, honorable profesor
Shodan	Primer dan
Shuto	Mano de espada o cuchillo

Shuto-uchi	Golpe con la mano de espada o cuchillo (con el borde externo de la mano)	Yoko-geri	Patada lateral
Tatami	Alfombra tejida de paja	Yoko-geri-keage	Patada lateral ascendente
Teisho	Base de la palma	Yoko-geri-kekomi	Patada lateral penetrante
Tsuki	Puñetazo o golpe directo	Zanshin	Estado de concentración serena, compromiso continuo y estado de alerta en el momento del ataque o defensa.
Ude	Brazo		
Uke	Parada		
Uchi	Golpe indirecto	Zenkutsu-dachi	Posición adelantada
Uchi-uke	Parada con el antebrazo exterior	Zuki (or Tsuki)	Puñetazo
Ude-uke	Parada con el antebrazo interior		
Uraken-uchi	Golpe con el revés del puño		

Shuto-uchi — Golpe con la mano de espada o cuchillo (con el borde externo de la mano)

Tatami — Alfombra tejida de paja

Teisho — Base de la palma

Tsuki — Puñetazo o golpe directo

Ude — Brazo

Uke — Parada

Uchi — Golpe indirecto

Uchi-uke — Parada con el antebrazo exterior

Ude-uke — Parada con el antebrazo interior

Uraken-uchi — Golpe con el revés del puño

Ushiro-geri — Patada hacia atrás

Ushiro-geri-keage — Patada hacia atrás no ascendente

Ushiro-geri-kekomi — Patada hacia atrás con la planta del pie penetrante

Ushiro-mawashi-geri — Patada hacia atrás circular con giro de 360°

Waza — Técnicas o habilidades

Yame — Paren

Yoi — Preparados, listos

Yoko — Lado

Yoko-geri — Patada lateral

Yoko-geri-keage — Patada lateral ascendente

Yoko-geri-kekomi — Patada lateral penetrante

Zanshin — Estado de concentración serena, compromiso continuo y estado de alerta en el momento del ataque o defensa.

Zenkutsu-dachi — Posición adelantada

Zuki (or Tsuki) — Puñetazo

Numerales

Ichi	1		Uno
Ni	2		Dos
San	3		Tres
Shi	4		Cuatro
Go	5		Cinco
Roku	6		Seis
Shichi	7		Siete
Hachi	8		Ocho
Ku	9		Nueve
Ju	10		Diez

LOS KARATEKAS DEVOTOS APRECIAN LA DISCIPLINA DE LA MENTE, EL CUERPO Y EL ESPÍRITU CONSEGUIDOS A TRAVÉS DE UN ENTRENAMIENTO COMPROMETIDO.

ÍNDICE

CRÉDITOS FOTOGRÁFICOS